AF751191

www.ingramcontent.com/pod-product-compliance
Lightning Source LLC
LaVergne TN
LVHW050826051026
849532LV00008B/3144
9789369088416

رنگ برنگ خاکے

(منتخب خاکے)

ایس۔ اے۔ شکور

© Taemeer Publications LLC

Rang birang khaake (Literary Sketches)

by: S.A. Shukoor

Edition: May '2026

Publisher :

Taemeer Publications LLC (Michigan, USA / Hyderabad, India)

ISBN 978-93-6908-841-6

کتاب	:	**رنگ برنگ خاکے**
مرتب	:	**ایس اے شکور**
صنف	:	خاکے
ناشر	:	تعمیر پبلی کیشنز (حیدرآباد، انڈیا)
سالِ اشاعت	:	۲۰۲۶ء
صفحات	:	۴۰
سرورق ڈیزائن	:	تعمیر ویب ڈیزائن

فہرست

محبوب حسین جگر: ایک قدآور شخصیت

خاکہ ______________ ڈاکٹر محمد انورالدین

حیدرآباد فرخندہ بنیاد کو کئی اعتبار سے یہ اعزاز حاصل ہے کہ یہاں کی سرزمین ہر ایک کے لیے زرخیز ثابت ہوئی اور اندرون ریاست و بیرون ریاستوں کے قلم کاروں نے یہاں خوب نام کمایا شہر گلبرگہ سے ایک ہی خاندان کے تین چشم و چراغ وغیرہ کے لیے حیدرآباد کی سرزمین نہایت زرخیز ثابت ہوئی۔ ان میں محبوب حسین، ابراہیم جلیس اور مجتبیٰ حسین نے سارے عالم میں خوب نام کمایا۔

محبوب حسین اصل نام اور جگر ان کا تخلص تھا۔ جس کی بابت یوسف ناظم رقم طراز ہیں:

> ''علی سکندر جگر کی شہرت ذرا زیادہ ہوئی۔ اس لیے کہ انھوں نے تخلص بھی رکھا اور اس کی خاطر شعر بھی کہے، جب کہ محبوب حسین جگر نے صرف تخلص رکھا۔ تخلص رکھنے کی وجہ شاید یہ تھی کہ اس کا کوئی ٹیکس ادا نہیں کرنا پڑتا تھا اور نہ یہ پابندی تھی کہ تخلص رکھا تو شعر بھی کہو۔'' (علیک سلیک۔ محبوب حسین جگر سنہ اشاعت ۲۰۰۲ء، ص ۳۷)

محبوب حسین جگر نے جگر مرادآبادی کی طرح شاعری بھی کی، ابراہیم جلیس کی طرح افسانہ بھی لکھا اور مجتبیٰ حسین کی طرح مزاحیہ تحریریں بھی لکھیں۔ یہ بات صحیح ہے کہ محبوب حسین جگر نے اردو صحافت کے میدان میں زمانے کی تاریکیوں کو مٹانے کی سعی انجام دی، ابراہیم جلیس نے افسانے کی دنیا میں نام کمایا اور مجتبیٰ حسین طنز و مزاح کے حوالے سے اپنی منفرد شناخت بنا گئے۔ تقسیم ہند کے بعد ابراہیم جلیس پاکستان چلے گئے لیکن محبوب حسین جگر اور مجتبیٰ حسین نے حیدرآباد ہی میں پیوند خاک ہونا پسند کیا۔

ریاست حیدرآباد دکن کی سیاسی فضا ان دنوں بہت ہی نازک دور سے گزر رہی تھی۔ ہندوستان کی آزادی کا پس منظر، برصغیر کی تقسیم کا المیہ، گاندھی جی کا قتل اور حیدرآباد پر فوجی کارروائی ہوئی جس سے لوٹ مار اور قتل و غارت گری کا جو بازار گرم ہوا اس کی خونیں روداد بیان کرنے کے لیے کئی کئی صفحات درکار ہوں گے۔ کہتے ہیں کہ محبوب حسین جگر کا آبائی وطن عثمان آباد سب سے زیادہ متاثر ہونے والا ضلع تھا۔ جہاں ان کا آبائی مکان لوٹ لیا گیا تھا اور ان کے افرادِ خاندان کو کئی ناگفتہ بہ حالات سے گزرنا پڑا تھا۔

محبوب حسین جگر کے جد اعلیٰ محمد حسین ضلع عثمان آباد، مہاراشٹرا کے کسی سرکاری دفتر میں کلرکی پر مامور تھے لیکن محمد حسین کے جدا مجد کا پیشہ سپہ گری تھا کہتے ہیں کہ خود محمد حسین نے نامساعد حالات کی وجہ سے پیشۂ کلرکی اختیار کر لی تھی۔ محمد حسین کے ہاں چار اولادیں ہوئیں۔ ان میں مولوی محمد اسحاق سب سے بڑے لڑکے تھے جو عثمان آباد کے نامی گرامی وکیل کی حیثیت سے شہرت رکھتے تھے۔ ان کے بعد مولوی احمد حسین، تیسرے فرزند مولوی غوث ریاست مہاراشٹرا میں تحصیل دار کے عہدے پر مامور ہوئے اور بعد میں امریکا کو اپنا مسکن بنایا ان کا انتقال بعمر ۱۰۳ سال ۲۰۰۰ء میں ہوا تھا، چوتھے صاحب زادے مظفر حسین عثمان آباد میں پیش کار تھے۔

مولوی احمد حسین کے گھر دس بچے ہوئے ان میں نو لڑکے اور ایک لڑکی تھی۔ محبوب حسین جگر سب سے بڑے صاحب زادے تھے ان کے بعد بالترتیب عابد حسین، صندلی بیگم، ابراہیم جلیس، یوسف حسین، اقبال حسین، مجتبیٰ حسین، خورشید حسین، محمود حسین اور سرتاج حسین ہیں۔ ان عبقری شخصیتوں میں تین نام ایسے ہیں جن کی ذات ہمہ جہتی انوار سے روشن اور ہمہ وقتی کارناموں سے مزین ہے پہلے محبوب حسین جگر دوسرے

ابراہیم جلیس اور تیسرے مجتبیٰ حسین ہیں۔اس خصوص میں خواجہ حسن نظامی اپنے موقر مضمون ''حضرت محبوب حسین جگر'' میں یوں رقم طراز ہیں:

''سلسلہ عالیہ چشتیہ نظامیہ کے کوہ نور حضرت خواجہ سید محمد بندہ نواز گیسو دراز علیہ الرحمہ نے ایک سو پانچ برس کی عمر شریف پائی اور ایک سو پانچ ہی نہایت معیاری کتابیں اپنی یادگار چھوڑیں۔شاید یہ ان ہی کے فیضان کا کرشمہ ہے کہ ان کی بستی گلبرگہ شریف سے تین بھائی محبوب حسین جگر، ابراہیم جلیس اور مجتبیٰ حسین اس طرح قلم لے کر باہر نکلے کہ اردو دنیا میں دھوم مچ گئی۔''

(کتاب نما کا خصوصی شمارہ محبوب حسین جگر،شخصیت اور صحافتی خدمات، ص ۲۹)

خواجہ حسن ثانی نظامی نے تینوں بھائیوں کے ایک ہی خاندان کے چشم و چراغ ہونے کو فیضان بندہ نوازؒ کا کرشمہ کہا ہے۔تینوں بھائیوں کو انفرادی طور پر جاننے والے گو کہ کم ہوں لیکن ان تینوں بھائیوں کی تحریروں کا ایک عالم قدرداں ہے۔اسی طرح مجتبیٰ حسین نے محبوب حسین جگر کے انتقال کے بعد ایک تعزیتی مضمون ''میرے بھائی جگر صاحب کے بغیر'' کے نام سے قلم بند کیا ہے، جو ۱۹۹۷ء میں ''کتاب نما'' کے خصوصی شمارے ''محبوب حسین جگر: شخصیت اور صحافتی خدمات'' میں شائع ہوا،اس کے بعد یہی مضمون کو مجتبیٰ حسین نے مارچ ۱۹۹۸ء میں ماہنامہ سب رس کے محبوب حسین جگر نمبر کے علاوہ اپنے خاکوں کی کتاب ''آپ کی تعریف'' میں بھی شامل رکھا۔اس مضمون میں وہ اپنے بڑے بھائی کی یادوں کو تازہ کرتے ہوئے لکھتے ہیں:

''جگر صاحب میرے بڑے بھائی تھے۔وہ ابراہیم جلیس مرحوم سے پانچ سال اور مجھ سے سترہ برس بڑے تھے۔ہم دونوں بھائیوں کی ذہنی تربیت میں ان کا بڑا ہاتھ تھا۔ابراہیم جلیس تو خیر ۱۹۴۸ء میں پاکستان چلے گئے تھے لیکن میری ذہنی تربیت تو سراسر ان ہی کی مرہونِ منت تھی۔آزادی سے پہلے جب میں تیسری یا چوتھی جماعت میں پڑھتا تھا تو گلبرگہ میں میرے نام سے میرے پتے پر ''پھول''، ''غنچہ'' اور بچوں کے کئی رسالے آیا کرتے تھے۔یہ سارے رسالے جگر صاحب نے میرے نام جاری کروا رکھے تھے۔اس عمر میں اپنے نام سے کوئی مراسلہ آتا تھا تو فطری طور پر مجھے بہت خوشی ہوتی تھی اور میں اس کے ایک لفظ کو پڑھنا نہ صرف ضروری سمجھتا تھا بلکہ اپنے نام آئے ہوئے ان رسالوں کو میں کسی اور کو پڑھنے کے لیے بھی نہیں دیتا تھا۔ادب کو اپنی میراث اور اپنی ذاتی زندگی کا لازمی جز سمجھنے کا پہلا احساس مجھے ان ہی رسالوں کے ذریعے ہوا۔''

(کتاب نما،ص ۳۵،ماہ نامہ ''سب رس''، ص ۹ آپ کی تعریف، ص ۷۸)

مجتبیٰ حسین کے اقتباس کے مطالعے سے اس بات کا علم ہوتا ہے کہ محبوب حسین جگر نے اپنے بھائیوں پر کس طرح شفقت کی اور خصوصی طور پر اپنے چھوٹے بھائی مجتبیٰ حسین کی لیاقتوں کا انھیں پورا اندازہ ہو گیا تھا اور وہ چاہتے تھے کہ ان کا یہ بھائی کسی بھی وسیلے سے اردو زبان و ادب کی خدمت انجام دے گا۔چناں چہ آگے چل کر مجتبیٰ حسین نے نہ صرف مضامین اور انشائیے لکھے بلکہ طنز و مزاح نگاری میں ایسا نام پیدا کیا کہ حکومت ہند نے انھیں ''پدم شری'' کے اعزاز سے سرفراز کیا۔

جیسا کہ اوپر بیان کیا جا چکا ہے کہ محبوب حسین جگر کو آٹھ بھائی اور ایک بہن تھی اور وہ عمر میں اپنے بھائی بہنوں سے بڑے تھے۔یہاں

اس بات کا ذکر بے جا نہ ہوگا کہ محبوب حسین جگر نے اپنی صحافتی خدمات کو ہمیشہ مقدم رکھا اور اپنی چہیتی بہن صندلی بیگم کے انتقال کے وقت اپنی حاضری کو بھی موخر کیا۔ اس خصوص میں پروفیسر سلیمان اطہر جاوید اپنے ایک مضمون ''جگر صاحب'' میں محبوب حسین جگر کی ان کی ہم شیرہ کے انتقال میں عدم حاضری کو سرنامہ بنا کر لکھتے ہیں:

''۱۹۴۶ء میں انجمن ترقی پسند مصنفین کی کانفرنس کے دوران، انھیں اپنی بہن کے انتقال کی اطلاع ملی وہ کانفرنس کے انتظامات میں مصروف رہے اور غالباً کسی سے کچھ کہا نہیں۔ کانفرنس کے اختتام پر انھوں نے گلبرگہ شریف کا رخ کیا۔ بہن کے آخری دیدار یا اس کے جنازے میں شرکت کرنے کے لیے نہیں، اس کی قبر پر پھول چڑھانے کے لیے، چند آنسو بہانے کے لیے۔''

(ماہ نامہ ''سب رس'' مارچ ۱۹۹۸ء، ص ۴۴)

اقتباس کے مطالعے سے جہاں بھائی کو اپنی اکلوتی بہن کا آخری دیدار نصیب نہ ہونے کا علم ہوتا ہے وہیں اس بات کا بھی پتا چلتا ہے کہ ایک دھن کا پکا اور قول وفعل کا پابند شخص کس طرح اپنی ذمے داریوں کو بہ حسن خوبی انجام دیتا ہے۔ محبوب حسین جگر کے ایک دوست رفعت سروش نے اسی واقعے کو تفصیل کے ساتھ یوں رقم کیا ہے:

''ہائے ان کا وہ انہاک اور کانفرنس کو کامیاب کرنے کی اتنی لگن کہ ان کی بہن کا انتقال ٹھیک انھیں دنوں ہوا مگر انھوں نے اپنے فرائض منصبی سے ذرا سی بے پرواہی نہ کی۔ ہندوستان کے گوشے گوشے سے پچاس سے زیادہ دانش ور، ادیب، شاعر، افسانہ نگار اس کانفرنس میں شرکت کرنے کے لیے حیدرآباد پہنچے تھے۔ فراق گورکھپوری، ڈاکٹر ملک راج آنند، سجاد ظہیر اور حسرت موہانی سے لے کر ساحر لدھیانوی، کیفی اعظمی اور رفعت سروش جیسے نوجوان ادیب تک اس کانفرنس میں شامل تھے۔''

(ماہ نامہ ''سب رس'' مارچ ۱۹۹۸ء، ص ۴۷)

محبوب حسین جگر کی مصروفیت، انہاک اور جوش وخروش کا یہ عالم اور ان کے ہمہ وقت موجود رہنے کی جستجو کو دیکھ کر حیرت ہوتی ہے کہ محبوب حسین جگر جیسی شخصیت نے بہن کے انتقال پر کانفرنس کے انتظامات کو فوقیت دی تھی، غالباً انھوں نے خیال کیا ہوگا کہ روح قفس عنصری سے پرواز کر جانے کے بعد جو جسد خاکی رہ جاتا ہے اس کی تجہیز وتدفین کوئی بھی کر سکتا ہے اور جنازے کی نماز فرض کفایہ ہے، بہت ممکن ہے کہ محبوب حسین جگر نے حیدرآباد سے کسی کو خصوصی ہدایت دے کر جنازے میں شرکت کرنے اور ان کی جانب سے پس ماندگان کو صبر جمیل کی تلقین کے لیے روانہ کیا تھا ہوگا۔ وجہ جو بھی ہو یہاں محبوب حسین جگر کی حیدرآباد میں حاضری نے کانفرنس کو کامیاب کیا اور کماحقہ مہمانوں کی مدارات ہوئی اسی لیے آج بھی لوگ کہتے ہیں کہ محبوب حسین جگر کی کارکردگی کے باعث مستزاد ان کے حسن انتظام کے اعتبار سے بھی یہ کانفرنس بے مثال تھی۔ بس عابد علی خاں اور محبوب حسین جگر کا ایک والہانہ پن تھا جس نے اردو کے تمام ادیبوں اور شاعروں کو ایک پلاٹ فارم پر لا کھڑا کیا تھا۔ رفعت سروش یہ بھی کہتے ہیں کہ انتظام کرنے والوں کا ایک اچھا خاصا قافلہ جگر صاحب کے اشاروں پر کام کر رہا تھا۔ محبوب حسین جگر بلاشبہ اس کانفرنس کے ہیرو تھے۔ کرشن چندر نے کانفرنس کا رپورتاژ ''پودے'' کے نام سے لکھا تھا اس میں انھوں نے محبوب حسین جگر کے خلوص کے اعتراف میں قلم توڑ دیا ہے۔

محبوب حسین جگر کے والد مولوی احمد حسین ان کا انتقال ۱۹۷۵ء میں ہوا۔ ڈاکٹر صفی الدین صدیقی لکھتے ہیں کہ محبوب حسین جگر کے والد محترم جناب احمد حسین کا تعلق عثمان آباد (مہاراشٹرا کی شیوسینا، بی جے پی حکومت نے عثمان آباد کا نام بدل کر دھار شیو رکھا ہے) کے ایک معزز گرانے سے تھا۔ احمد حسین اپنی ملازمت کے دوران حیدرآباد کے کئی مقامات پر کارگزار رہے اور آخری دنوں میں گلبرگہ میں سکونت اختیار کر لی تھی جہاں سے محبوب حسین جگر نے میٹرک اور انٹر میڈیٹ کا امتحان کامیاب کیا تھا۔ محبوب حسین جگر کا مقامِ پیدائش ایک مضمون نگار نے رائچور بتلایا ہے، جب کہ ماہ نامہ سب رس کے ایک تعارفی نوٹ (جنوری ۱۹۹۶ء) کے بموجب محبوب حسین جگر ۳۰ر اکتوبر ۱۹۱۹ء کو عثمان آباد میں پیدا ہوئے تھے۔

خواجہ حسن ثانی نظامی نے محبوب حسین جگر کا سراپا یوں رقم کیا ہے:

> ''دھان پان، سرو قد، مگر روپ میں نہ دھانوں کی سی ہریالی، نہ پان کی سی لالی۔ ''دھان پان'' سے کچھ لیا تھا تو بس روایتی دبلا پا۔ سرو کی کچھ بات تھی تو بس قد کی بلندی۔ وہ بھی ایسی جسے زمانے کی ہوا اور امتداد زمانہ جھکا جھکا، خمیدہ خمیدہ دکھاتے، انگ ہندوستانی، دکھ بھرا، دھوپ کھایا، سگرٹ کی سدا سلگتی آگ اور دھویں سے مدھم، بے لچک، بے ٹھگ، میں نے حضرت محبوب حسین جگر ایڈیٹر سیاست کو ان کے بڑھاپے میں دیکھا۔ بڑھاپا اکثر لوگوں کا ایسا ہی ہو جاتا ہے مگر ہر سبک نقشے کے بوڑھے چہرے پر تپے تپائے تجربے کا ایسا تیج اور چھوٹوں کے لیے شفقت کی وہ شبنمی چاندنی نظر نہیں آتی جو مرحوم کے رخ روشن پر تھی۔'' (محبوب حسین جگر، شخصیت اور صحافتی خدمات، ص ۱۹)

اوپر کے اقتباس میں خواجہ حسن ثانی نظامی نے جگر کے دھان پان کا ذکر کیا ہے۔ اس مناسبت سے یوسف ناظم نے بھی محبوب حسین جگر کے پان کھانے کے سلیقے اور ان کی جسامت کے متعلق لکھا ہے:

> ''محبوب حسین جگر کو پان کھانے کا سلیقہ تھا۔ کیا مجال جو اس کا ایک قطرہ بھی ادھر ادھر ٹپک جائے۔ عرق انفعال ان کے یہاں آیا ہی نہیں۔ اخلاق و آداب میں حیدرآباد کی روایتی کمزوریاں برقرار رہیں۔ کھڑے رہ کر گلے ملنے کی رسم ان سے چھوٹتی نہیں تھی انھیں شاید معلوم نہیں تھا کہ گلے ملنے سے فریق ثانی کو اندازہ ہو جاتا ہے کہ وہ کتنے دبلے ہوگئے ہیں۔ دبلا ہونا بری بات نہیں ہے لیکن اس کی کوئی حد ہونی چاہیے۔ ایک بات بہر حال یہ اچھی ہے کہ ان کی کم سخنی نے انھیں گوشہ نشینی پر راغب نہیں کیا۔''
>
> (محبوب حسین جگر۔ علیک سلیک، ص ۴۰)

یوسف ناظم آگے لکھتے ہیں کہ محبوب حسین جگر بے حد نکتہ سنج شخص واقع ہوئے تھے۔ اتنی باریک بینی سے مضامین اور نظموں کا مطالعہ کرتے تھے کہ حرفوں کے نقطے تک ان کی نظر میں رہتے تھے۔ اگر 'ش' پر انھیں ایک نقطہ کم دکھائی دیتا تھا تو وہ نقطہ نہیں لگاتے تھے اس لفظ ہی کو تحریر سے جدا کر دیتے تھے اور مضمون خود بخود مختصر ہو جاتا تھا۔ ان کی اس عادت کا ہر شخص کو علم تھا کہ وہ کاغذ اٹھانے سے پہلے قلم اٹھاتے تھے۔ تصحیح پہلے کرتے تھے مضمون کا مطالعہ بعد میں۔ جب تک مطمئن نہیں ہو جاتے دوسرا پان نہیں کھاتے تھے۔

اسی طرح پروفیسر سلیمان اطہر جاوید نے ان کا لباس اور ان کے اعادات و اطوار سے متعلق لکھا ہے کہ میں نے انھیں جب بھی

دیکھا، کسی جلسے یا تقریب میں ہوتو شیروانی ورنہ انتہائی صاف ستھرا لیکن سادہ کرتا پائجامہ، غذا بھی ہلکی، سادہ اور نہایت کم بلکہ بقول ان کے ایک چاہنے والے کے محبوب حسین جگر کھاتے ہی کیا تھے بس غذا سونگھتے تھے۔ پھر یہ بھی لکھتے ہیں:

''ان کا کمرہ بھی سیدھا سادہ......جی ہاں! عابد منزل میں ایک باران کا کمرہ بھی دیکھنے کا اتفاق ہوا۔جگر صاحب علیل تھے۔غالباً پروفیسر مغنی تبسم صاحب کے ہم راہ ان کی عیادت کو پہنچا۔صاف ستھرا اور کشادہ کمرہ عام سا پلنگ اور کمرے میں ضرورت کی مناسب اشیا۔جگر صاحب نے ایک بے نیازانہ اور قناعت پسند زندگی گزاری۔وہ ایک درویش کی طرح اپنے حال میں مست رہے لیکن ''سیاست'' کی ترقی اور اس کو بہتر سے بہتر بنانے کے سلسلے میں کسی سے سمجھوتہ نہیں کیا، کسی کی پروا نہیں کی، کسی سے سودے بازی نہیں کی ''سیاست'' کے موقف کو بہتر بنانے اور اس کی اشاعت کی توسیع میں ان کا کردار ایک زمانے میں یادگار رہے گا۔'' (سب رس، مارچ ۱۹۹۸ء، ص۴۴)

پروفیسر سلیمان اطہر جاوید نے محبوب حسین جگر کے بارے میں جو لکھا ہے اس کے مطالعے سے اندازہ ہوتا ہے کہ وہ سادہ زندگی بسر کرتے تھے۔ ڈاکٹر صفی الدین صدیقی نے لکھا ہے کہ انھیں حج بیت اللہ شریف کی سعادت بھی نصیب ہوئی تھی۔اس خصوص میں اقتباس ملاحظہ ہو:

''انتقال سے ایک سال قبل جب کہ ان کی صحت کچھ زیادہ اچھی نہیں تھی جگر صاحب کو حج بیت اللہ کی سعادت نصیب ہوئی تھی۔جب میں نے مبارک باد کا خط لکھا تو انھوں نے جواب میں لکھا کہ اللہ کا شکر ہے کہ ان کی یہ دیرینہ آرزو بھی پوری ہوگئی۔''(سب رس، مارچ ۱۹۹۸ء، ص۴۱)

اوپر کے اقتباس سے پتا چلتا ہے کہ محبوب حسین جگر نے اپنی ذات کو ترقی پسند تحریک سے صرف نظریاتی طور پر جوڑے رکھا لیکن انھیں خدا کی ذات پر پورا ایقان تھا۔اسی لیے صفی الدین صدیقی لکھتے ہیں کہ جگر صاحب شروع ہی سے ترقی پسند رجحانات کے حامل تھے۔اس کے باوجود آزادی سے پہلے اور آزادی کے کچھ عرصے بعد تک انجمن ترقی پسند مصنفین کے بعض اراکین کا جھکاؤ کمیونزم کی طرف تھا اور چند اراکین تو پارٹی کے کارڈ ہولڈر بھی تھے۔جگر صاحب نے اپنی زندگی میں کمیونسٹ آئیڈیالوجی کو کبھی نہیں اپنایا۔انسان کی زندگی میں مذہب کی اہمیت و ضرورت کے وہ قائل تھے۔سبھی مذاہب کا احترام کرتے تھے چناں چہ ہر مذہب کے ماننے والے انھیں اپنا عزیز سمجھتے تھے۔

یوسف ناظم نے ان کی شخصیت کے گوشے کو وا کرتے ہوئے لکھا کہ ان کی خاموشی ان کی گویائی تھی، وہ سننے کی نہیں سمجھنے کی چیز تھے، کام کی لگن نے ان کے جذبات کو یخ بستہ کر دیا تھا، کام کے سوا شائد ہی انھوں نے کبھی کوئی اور بات سوچی ہو، کسی سے ہنس کر اگر بول بھی لیتے تو شائد بعد میں انھیں اس کا افسوس ہونا کوئی تعجب کی بات نہیں، وہ دل کے نرم لیکن مزاج کے سخت تھے۔موصوف اندرونی طور پر اتنے سنجیدہ نہیں تھے جتنے بہ ظاہر نظر آتے تھے۔

واقعہ یہ ہے کہ محبوب حسین جگر انجمن ترقی پسند مصنفین شاخ حیدرآباد سے اس کے قیام کے وقت ہی سے وابستہ ہوگئے تھے۔پروفیسر سلیمان اطہر جاوید کہتے ہیں کہ انجمن ترقی پسند مصنفین کے معتمد عمومی عابد علی خاں تھے اور محبوب حسین جگر اس کے روح رواں۔اس طرح ۱۹۴۶ء کے کوئی مہینے میں انجمن ترقی پسند مصنفین کی یادگار کانفرنس حیدرآباد میں منعقد ہوئی تو محبوب حسین جگر نے اس کانفرنس میں کلیدی رول ادا کیا

تھا، یہاں تک کہ بیش تر انتظامی امور کے محبوب حسین جگر ہی ذمے دار تھے۔ جب یہ کانفرنس توقعات سے زیادہ سودمند ثابت ہوئی تو محبوب حسین جگر نے انجمن ترقی پسند مصنفین سے اپنی ذات کو نہ صرف پیوست رکھا بلکہ ترقی پسند احباب سے تادم حیات قریب رہے۔ مخدوم محی الدین، راج بہادر گوڑ، اختر حسن، سلیمان اریب اور دیگر اندرون ریاست کئی اصحاب کے علاوہ بیرونِ حیدرآباد ترقی پسندوں سے بھی ان کے گہرے دوستانہ مراسم ہو گئے تھے خواہ سردار جعفری ہوں کہ کرشن چندر، کیفی اعظمی ہوں یا پھر ساحر لدھیانوی یا کوئی اور یہ اصحاب جب بھی حیدرآباد تشریف لاتے محبوب حسین جگر سے ملاقات کے بغیر اپنے سفرِ حیدرآباد کو نامکمل تصور کرتے۔

اب ہم یہاں اس کانفرنس میں شریک ہونے والے اور بعد میں محبوب حسین جگر کی شخصیت پر قلم اٹھانے والے قلم کاروں کے قلم سے کانفرنس سے متعلق لکھی گئی روداد سے اقتباسات پیش کریں گے۔ سب سے پہلے یوسف ناظم لکھتے ہیں:

> ''انجمن ترقی پسند مصنفین کی پہلی کانفرنس جب حیدرآباد میں منعقد ہوئی شاید ۱۹۴۴ء یا ۱۹۴۵ء میں تو کرشن چندر سب سے زیادہ جس شخصیت سے متاثر ہوگئے وہ محبوب حسین جگر کی شخصیت تھی۔ ان کی تصنیف ''پودے'' کے ہیرو نہیں محرک ہی جگر تھے۔ سیاست کے اب تک کوئی ۲۵ مشاعرے تو ہو ہی چکے ہوں گے۔ ان مشاعروں کے سربراہ عابد علی خاں تھے لیکن روحِ رواں محبوب حسین جگر تھے۔ حد یہ ہوگئی کہ اس سال اپریل کے دوسرے ہفتے میں سیاست کے جس مشاعرے کی تیاریاں شروع ہو چکی تھیں ان میں بھی خونِ جگر شامل تھا۔''
>
> (حیدرآباد کی محبوب شخصیت کو الوداع، ماہ نامہ ''سب رس'' مارچ ۱۹۹۸ء، ص ۲۲،۲۳)

اسی طرح ڈاکٹر صفی الدین صدیقی اپنے مضمون محبوب حسین جگر کی یاد میں کرشن چندر کے رپورتاژ ''پودے'' کے حوالے سے محبوب حسین جگر کی شخصیت کے بعض نقوش کو وا کرتے ہیں:

> ''کرشن چندر نے اپنے رپورتاژ ''پودے'' میں جس محبوب حسین جگر کی دریافت کی تھی وہ اپنا آپ دوسروں کے لیے وقف کردینے والی ایسی جواں سال شخصیت تھی جس نے ترقی پسندوں کے لیے اپنا آرام کھویا، مسکراہٹ کھوئی، آنسو کھوئے اور ان آنسوؤں کو اپنے دامن میں چھپا لینے والی ایسی بہن کھودی جس کا ڈوپٹہ جگر بھائی کی بھیگی پلکوں تک بھی نہ پہنچ سکا۔'' (سب رس، مارچ ۱۹۹۸ء، ص ۳۹)

ڈاکٹر صفی الدین صدیقی کے اس اجمالی اقتباس کو پڑھ کر آج بھی ایک دردمند دل رو اٹھتا ہے اور ایک بھائی کا جگر تار تار ہو جاتا ہے۔

محبوب حسین جگر نے جامعہ عثمانیہ حیدرآباد سے بی۔اے کا امتحان کامیاب کرنے کے بعد بھی اپنی تعلیم کا سلسلہ جاری رکھنا چاہتے تھے لیکن گھریلو ذمے داریوں کی وجہ سے انھیں ملازمت کا رخ کرنا پڑا تھا اس طرح پہلے محکمہ کروڑ گیری میں سب انسپکٹر کی حیثیت سے کام کیا، زاں بعد محکمہ نشر و اشاعت سے منسلک ہوئے۔

نام ور فرزندانِ جامعہ عثمانیہ کے حالات اور کارناموں پر مشتمل تذکرۂ عثمانین میں اس کے مصنف شاہ بلیغ الدین نے محبوب حسین جگر کی شخصیت کو جامعہ عثمانیہ کی صحافی سپوتوں میں جگہ دی ہے۔ وہ محبوب حسین جگر کی ولادت اور ان کی نجی کیفیت سے متعلق لکھتے ہیں:

''پہلی جنگ کے خاتمے پر جگر صاحب عثمان آباد میں پیدا ہوئے مملکت حیدرآباد کے سولہ اضلاع میں سے ایک یہ ضلع تھا، ان کے والد احمد حسین صاحب یہیں کے رہنے والے تھے، یہیں ملازمت میں ترقی کرتے ہوئے وہ تحصیل دار بن گئے تھے، پہلوٹی بلیٹے کا نام انھوں نے آصف سادس کے نام پر محبوب رکھا تل جاپور میں ان کی تعلیم شروع ہوئی، میٹرک اور ایف۔اے انھوں نے گلبرگہ انٹرمیڈیٹ کالج سے کیا عثمانیہ یونیورسٹی میں انھوں نے شعبہ تاریخ میں داخلہ لیا۔'' (ص ۷۷)

اوپر کے اقتباس سے پتا چلتا ہے کہ محبوب حسین جگر کے والد نے ان کا نام آصف جاہ سادس میر محبوب علی خاں بہادر کے نام پر رکھا۔ جس سے معلوم ہوتا ہے کہ محبوب حسین جگر کے والد بزرگوار کو آصف جاہ سادس سے کتنی عقیدت وانسیت تھی۔

محبوب حسین جگر کے انتقال کے بعد ان کے رفیق دیرینہ معروف مزاح نگار یوسف ناظم نے ایک تعزیتی مضمون قلم بند کیا ہے اور اس مضمون کا نام ''حیدرآباد کی محبوب شخصیت کو الوداع'' رکھا اس میں وہ اپنے اور جگر کی ابتدائی ملاقات کے احوال بیان کرتے ہوئے لکھتے ہیں:

''آج ۱۱؍ مارچ ۱۹۹۷ء کو حیدرآباد میں دن کے ۳ بجے وہ کہانی ختم ہوگئی جو آج سے ٹھیک ۵۸ سال پہلے جامعہ عثمانیہ حیدرآباد کے اے ہاسٹل میں اس وقت شروع ہوئی تھی جب جامعہ عثمانیہ کے آرٹس کالج کے افتتاح کی تاریخی تقریب منعقد ہوئی تھی۔ میر عثمان علی خاں آصف جاہ سابع نے ہندوستان کی واحد اردو یونیورسٹی قائم کی تھی اور خود آصف جاہ سابع ہی کے ہاتھوں یہ تقریب پایۂ تکمیل کو پہنچنے والی تھی۔ حیدرآباد کے چار ضلعوں اورنگ آباد، ورنگل، گلبرگہ اور رائچور کے انٹرمیڈیٹ کالجوں کے نمائندوں کو بھی اس تقریب میں مدعو کیا گیا تھا۔ اضلاع کے نوعمر طالب علموں کے لیے یہ بہت بڑا اعزاز تھا۔ اورنگ آباد انٹرمیڈیٹ کے پہلے سال کے طالب علم یوسف ناظم کو یہ اعزاز عطا ہوا اور جب یوسف ناظم نے اورنگ آباد سے حیدرآباد پہنچ کر اے ہاسٹل میں ایک حیران، پریشان بلکہ سراسیمہ مسافر کی طرح قدم رکھا تو اسے خوش آمدید کہا محبوب حسین جگر نے جو بی ہاسٹل میں مقیم طالب علم کی حیثیت سے اضلاع سے آنے والے نمائندوں کی دیکھ ریکھ کے لیے مامور کیے گئے تھے۔ ۵۷ سال پہلے کی وہ پہلی ملاقات آج بھی دل پر نقش ہے۔ ماہ و سال خوش رنگ تتلیوں کی طرح ہوا میں اڑتے اور رنگ بدلتے رہے۔ جگر صاحب نے تقریری مقابلے سے ایک دن پہلے ہاسٹل ہی میں مدعو طلبہ کا فی البدیہہ تقریری مقابلہ رکھا اور مجھے اتنی شاباشی دی کہ میرا جی چاہا کہ کاش یہی اصلی مقابلہ ہوتا۔''

(کتاب نما کا خصوصی شمارہ محبوب حسین جگر، ص ۲۴، مشمولہ ماہ نامہ ''سب رس'' مارچ ۱۹۹۸ء، ص ۲۲)

یوسف ناظم کے اس اقتباس سے پتا چلتا ہے کہ محبوب حسین جگر اپنے طالب علمی کے دور ہی سے نہایت فعال اور ذہین وفطین واقع ہوئے تھے۔ یہ اس بات کی طرف اشارہ تھا کہ یہ طالب علم آگے چل کر زبان وادب بلکہ اردو صحافت کی بھرپور خدمت انجام دے گا۔

محبوب حسین جگر کی جامعہ عثمانیہ سے وابستگی کے سلسلے میں شاہ بلیغ الدین لکھتے ہیں کہ وہ سی ہاسٹل میں رہتے تھے، عابد علی خاں بھی اسی ہاسٹل میں مقیم تھے، اس وقت کے طالب علموں میں ہاشم علی اختر، حفیظ قتیل، محمد احمد سبزواری، کرشن دیال ستم وغیرہ بھی اسی ہاسٹل میں مقیم تھے ہاسٹل

کا یہ حصہ ''گنج شاعراں'' کہلاتا تھا۔

محبوب حسین جگر جب بی۔اے ہوئے تو انھوں نے چھ سال تک ملازمت کی، چند دنوں تک دکن ریڈیو میں کام کرتے رہے انھیں اس ملازمت میں رغبت نہ رہی تو الکٹرانک میڈیا پر پرنٹ میڈیا کو ترجیح دی، ان دنوں محبوب حسین جگر کے رفیق دیرینہ عابد علی خاں کے ہم راہ برقی صحافت سے اپنا رشتہ استوار کرنے کی تمہید باندھی۔ سیاست کا پہلا پرچہ ۱۵/اگست ۱۹۴۹ء کو جاری ہوا تو اس اخبار کا اداریہ محبوب حسین جگر نے لکھا تھا۔اس طرح وہ تادم حیات شریک مدیر کی حیثیت سے اداریہ نویس رہے۔ان کی سب سے بڑی شناخت صحافت تھی یہی وجہ ہے کہ وہ خود اردو صحافت کا استعارہ بن گئے تھے۔صحافت کے عشق اور سرمستی میں انھوں نے نکاح جیسے مبارک عمل کو بھی درخور اعتنا نہیں سمجھا اور صحافت کو اپنی ''نصف بہتر'' بنالیا تھا۔محبوب حسین جگر اور اردو صحافت کے حوالے سے خواجہ حسن ثانی نظامی نے لکھا ہے:

''جگر صاحب صحافت کے ذریعے زندہ جاوید ہی نہیں ہیں، انھوں نے اپنی اس ''نصف بہتر'' کے لیے بھی یہ انتظام کیا ہے کہ ان کے اپنے نقل مکانی کے باوجود ان کی گھر والی بے گھر نہ ہو، اس کا سہاگ ہر طرح سلامت رہے خدانہ خواستہ نہ کبھی چوڑی ٹوٹے نہ کبھی بال بکھریں۔''

(کتاب نما کا خصوصی شمارہ محبوب حسین جگر۔۔۔ص ۲۰)

مذکورہ اقتباس کے مطالعے سے اس بات کا انکشاف ہوتا ہے کہ محبوب حسین جگر نے شادی کے بندھنوں سے بری رہ کر اردو ادب اور صحافت کی خوب سے خوب خدمت انجام دی ہے۔انھوں نے نہ صرف اداریہ نگاری کے فن میں کمال پیدا کیا، کالم نگاری کی نثر میں جان ڈالی، اسلوب بیاں اور طرز تحریر کے ذریعے برقی اردو صحافت میں روح پھونکی، بلکہ ترجمہ نگاری کے فن کو بھی جلا بخشی اور برقی اردو صحافت کو بام عروج پر پہنچادیا۔

مجتبیٰ حسین لکھتے ہیں کہ ۱۵/اگست ۱۹۴۹ء کو جب جناب عابد علی خاں صاحب اور محبوب حسین جگر نے مل کر ''سیاست'' کا اجرا کیا تو میں حیدرآباد میں ہی موجود تھا۔سیاست کا پہلا شمارہ لے کر وہ اس دن صبح کو کچھ دیر کے لیے گھر آئے تھے۔نہا دھو کر پھر دفتر چلے گئے۔اس کے بعد ان کے گھر آنے کا کوئی وقت مقرر نہیں رہا۔وہ دو تین دن میں اچانک گھر چلے آتے تھے۔گھر کے اخراجات کے لیے ضروری رقم دیتے تھے اور چلے جاتے تھے۔گھر میں ایک نوکر تھا وہ کام کرے یا نہ کرے پہلی تاریخ کو اسے پابندی سے تنخواہ ادا کر دیتے تھے۔۱۹۵۰ء میں، میں پھر گلبرگہ چلا گیا اور ۱۹۵۴ء میں بی۔اے کرنے کے لیے دوبارہ حیدرآباد آیا تو اس وقت تک جگر صاحب نے وہ گھر چھوڑ دیا تھا کیوں کہ سیاست ہی ان کا اوڑھنا بچھونا بن گیا تھا۔ایک عرصے تک وہ دفتر سیاست کے ایک گوشے میں ہی رہتے تھے۔

عابد علی خاں اور محبوب حسین جگر میں ایک دوسرے کے مزاج کو سمجھنے کی زبردست صلاحیت موجود تھی کہ دونوں کو کسی بھی مسئلے پر کچھ کہنے کی ضرورت پیش نہیں آتی تھی۔

کہتے ہیں کہ عابد علی خاں میں ایک طرح کا دھیما پن، ٹھہراؤ اور استقلال نظر آتا تھا اور محبوب حسین جگر کے مزاج میں عجلت پسندی، تلون، شدت اور بلا کا جلال تھا مستزاد دونوں میں ایک دوسرے کے لیے احترام کا یہ عالم تھا کہ اگر محبوب حسین جگر کوئی بات کہہ دیتے تھے تو عابد علی خاں ان سے کبھی اختلاف نہیں کرتے تھے اور عابد علی خاں نے کوئی بات کہہ دی تو محبوب حسین جگر اس پر قائم رہتے تھے۔

روزنامہ سیاست حیدرآباد ہندوستان سے باہر خلیجی ملکوں کے علاوہ انگلستان، امریکا اور کینیڈا میں بھی پڑھا جاتا ہے۔ان ملکوں میں رہنے

والے اردو داں تارکانِ وطن اپنی ادبی سرگرمیوں کی روداد باقاعدہ طور پر اشاعت کی غرض سے بھیجتے ہیں۔ سیاست کو شہرت اور مقبولیت کی ان بلندیوں تک پہنچانے میں عابد علی خاں اور محبوب حسین جگر کی مساعی کا دخل ہے۔

پروفیسر سلیمان اطہر جاوید اس خصوص میں اپنے خیالات کا اظہار یوں کرتے ہیں کہ برصغیر کی اردو صحافت کے افق پر جو دو تین نام جگمگاتے ہیں ان میں ایک نام محبوب حسین جگر کا ہے۔ جگر صاحب کیا تھے اور کیا نہیں تھے میں سمجھتا ہوں وہ لوگ جو جگر صاحب سے بے حد قریب تھے وہ بھی اس کا صحیح اندازہ نہیں لگا سکتے ہیں۔ کیا عجب، خود جگر صاحب کو بھی اس کا اندازہ نہ ہو اور اس کا اندازہ ہو بھی تو کیسے؟ وہ ان افراد میں تھے جن کی اپنی ذات کے نزدیک اپنی ذات اور شخصیت کا تصور تھا ہی کہاں؟ انھوں نے اپنے لیے زیست ہی کب کی؟ وہ تو جیے بھی ''سیاست'' کے لیے اور مرے بھی ''سیاست'' کی خاطر، پھر یہ بھی لکھتے ہیں کہ ''سیاست'' جگر صاحب کا اوڑھنا بچھونا ہی نہیں تھا ان کی فکر، ان کی سوچ، ان کا خیال، ان کے حوصلہ وہوس کی دنیا، ان کے خوابوں کی تعبیر، ان کے ارمانوں اور آرزوؤں کی منزل، ان کے جہدِ مسلسل کا حاصل، ان کی کوششوں اور کاوشوں کا ثمرہ، ان کے تگ ودو کا نتیجہ، ان کی محبت، ان کا عشق، غرض سب کچھ۔

محبوب حسین جگر ''سیاست'' کے رگ وپے میں خون بن کر سمائے ہوئے تھے لیکن انھوں نے اپنے آپ کو نمایاں کرنے کی کبھی کوئی کوشش نہیں کی۔ دفتر میں انھوں نے اپنی نشست بھی ایسی جگہ بنا رکھی تھی کہ کوئی شخص جو ان کو نہیں جانتا ہو اور پہلی مرتبہ دفتر میں آیا ہو تو ان کی طرف توجہ بھی نہ کرے لیکن وہ ان ساری باتوں سے بے نیاز تھے۔ پروفیسر سلیمان اطہر جاوید رقم طراز ہیں کہ محبوب حسین جگر جلسوں اور دیگر تقریبات میں خیال خاطر احباب کے لیے کبھی کبھار شرکت کر لیتے کہ آبگینوں کو ٹھیس نہ لگ جائے ورنہ وہ تو گوشہ نشیں آدمی تھے۔ ''سیاست'' نشیں! یوں کہیے ''سیاست'' کے عشق بلکہ جنون میں وہ دنیا گریز ہو چکے تھے۔ انھوں نے کبھی شہرت یا اعزاز وایوارڈ کی کوئی پروا نہیں کی۔

یوسف ناظم اپنی کتاب ''علیک سلیک'' میں محبوب حسین جگر کے اجلاس کے بارے میں لکھتے ہیں:

> ''میں نے جگر کو دفتر سیاست میں کبھی سیدھی کرسی پر بیٹھے نہیں دیکھا۔ ان کی کرسی کا زاویہ ہمیشہ کج رہا۔ ہوسکتا ہے وہ اسے کج کلاہی قسم کی کوئی چیز سمجھتے ہوں۔ ان کی نشست کا یہ اسٹائل ہمیشہ میرے دل کو لگا۔'' (ص ۴۰)

ہمارا خیال ہے کہ سیدھے آدمیوں کو ہمیشہ ایسی ہی کرسی پر بیٹھنا چاہیے، جس کا رخ دوسری ساری کرسیوں سے مختلف ہو۔ کہتے ہیں کہ ''سیاست'' کا وہ پہلا دفتر ہو یا اب اسی کے مقابل تعمیر کردہ پروقار اور پرکشش نئی عمارت، محبوب حسین جگر اپنی ایک مخصوص کرسی پر اور وہ کرسی بھی جو ایک خاص زاویے سے ترچھی رکھی ہوئی ہے بیٹھتے تھے۔ وہ ہمیشہ سیدھے ہاتھ میں قلم اور بائیں ہاتھ میں ڈوری میں لگے کاغذات پر لکھتے ہوئے یا کبھی پڑھتے ہوئے، کبھی کتابت شدہ صفحات کی تصحیح کرتے ہوئے یا کبھی ڈاک دیکھتے ہوئے نظر آتے تھے۔

اکثر صحافی اپنے لیے اعلیٰ درجے کے قلم کا انتخاب کرتے ہیں بلکہ بعض صحافی تو صرف اچھے اچھے قلم جمع کرنے کے شوقین پائے گئے ہیں۔ محبوب حسین جگر نے ہمیشہ لوگوں کے نتیجہ قلم کو اہمیت دی اور یہ دیکھا کہ اس میں ''فکر'' کا عنصر ہے یا نہیں اور اسے نتیجہ فکر کہا جاسکتا ہے یا نہیں۔

محبوب حسین جگر کی ان تھک صحافتی خدمات کے سلسلے میں یوسف ناظم اپنے خاکوں کے مجموعے ''علیک سلیک'' میں یوں رقم طراز ہیں:

> ''سیاست کے دفتر میں جتنا اخباری کاغذ کا کوٹہ درآمد ہوتا ہے اس کا دس فیصد تو یقیناً جگر ہی استعمال کر

تے ہوں گے۔ کوئی تحریر، کوئی خط ان کے قلم کی زد سے شاید ہی بچا ہو۔ طویل مضمون کو مختصر کرنا تو سبھی کو آتا ہے لیکن مختصر مضمون کو مختصر کرنا صرف محبوب حسین جگرؔ کا حصہ ہے۔ (معاوضہ کا بھی یہی قصہ ہے) عابد علی خان سے میں نے دو چار مرتبہ ذکر بھی کیا کہ کیا آپ کو اس بات کا علم نہیں ہے کہ ہندوستان میں مہنگائی بہت ہوگئی ہے اور انھوں نے بس ایک ہی جواب دیا جگرؔ صاحب سے کہیے۔ یہ عجیب بات ہے کہ عابد علی خاں سے لوگ بات کر لیتے تھے۔ جگرؔ صاحب سے بات کرنے میں یا تو ہچکچاتے یا بات کرتے وقت لکنت کا شکار ہو جاتے تھے ان کے اس پہلو پر شاید لوگوں کی نظر نہ گئی ہو۔ میری بھی بہت دنوں بعد گئی۔''

(علیک سلیک، ص ۳۹، ۴۰)

مذکورہ اقتباس کے مطالعے سے دو تین باتوں کا انکشاف ہوتا ہے کہ محبوب حسین جگرؔ تحریروں پر اصلاح کے معاملے میں ہٹلر کی طرح سخت واقع ہوئے تھے، دوسری یہ کہ وہ مضامین یا تبصروں کے معاوضے کے سلسلے میں روزنامہ سیاست کی پالیسی کو کبھی فراموش نہیں کرتے تھے، تیسرے یہ کہ عابد علی خاں ان کی ہر بات کو فوراً قبول کر لیا کرتے تھے یہی وجہ ہے کہ محبوب حسین جگرؔ نے عابد علی خاں کی وفات کے بعد سیاست میں تو اپنی دل چسپی کو برقرار رکھا لیکن زندگی سے دل چسپی کا سلسلہ منقطع لیا تھا۔ انھوں نے آخری سفر کے لیے اسی دن اپنا بوریا بستر باندھ لیا تھا جس دن عابد علی خاں نے دنیا کو خیر باد کہا۔ محبوب حسین جگرؔ صرف اخبار سیاست کی زندگی گزار رہے تھے۔ وہ عابد علی خاں کے صرف دوست ہی نہیں بلکہ رکنِ خاندان کی طرح تھے مستزاد محبت، مروت، دوستی اور بھائی چارے کی چلتی پھرتی مثال تھے۔ پروفیسر سلیمان اطہر جاوید نے محبوب حسین جگرؔ کے اوقات کار کے سلسلے میں بڑی باریک بینی سے اپنے مضمون ''جگرؔ صاحب'' میں لکھا ہے:

''اور اصحاب کے ''سیاست'' میں جو بھی اوقات کار ہوں، جگر صاحب ''سیاست'' کے ہمہ وقتی کارکن تھے۔ صبح ۹ بجے کے لگ بھگ جائیے وہ دفتر میں موجود اور شام میں کسی وقت جائیے وہ ملیں گے۔ کسی نے بتایا ''سیاست'' کے اجرا کے ابتدائی برسوں میں وہ صبح سات بجے سے رات گیارہ بارہ بجے تک دفتر میں ہوتے۔ کبھی کبھی رات یہیں گزار لیتے۔ پھر وہ صبح آٹھ بجے سے رات دس گیارہ بجے تک دفتر میں رہنے لگے۔ بعد میں صبح سات بجے ان کا معمول تھا۔ ممکن ہے اس سے زیادہ بھی رہتے ہوں ہاں دوپہر میں دفتر ہی میں گھنٹہ، آدھ گھنٹہ آرام ضرور کر لیتے، شام میں گھر جانے کے بعد کئی مرتبہ فون کرتے۔ کبھی کبھار وقت بے وقت دفتر بھی آجاتے۔'' (جگر صاحب۔ سب رس مارچ ۱۹۹۸ء، ص ۴۴)

پروفیسر سلیمان اطہر جاوید کے اقتباس سے معلوم ہوتا ہے کہ محبوب حسین جگرؔ اردو دوست اور مردم شناس شخصیت کا دوسرا نام تھا کہ جب کبھی کسی ادبی موضوع پر گفتگو ہوتی، ان کے خیالات سے روشنی ملتی۔ ان کے وسیع اور گہرے مطالعے کا ثبوت یہ بھی تھا کہ کون کیا لکھ پڑھ رہا ہے وہ جانتے تھے چناں چہ ''سیاست'' کے لیے مضامین وغیرہ کی فرمائش کرتے وقت اس امر کو ضرور ملحوظ رکھتے تھے کہ کس کا میدان کیا ہے اور کس سے کس موضوع پر لکھنے کے لیے کہا جائے۔ تبصرے کے لیے کتابیں دیتے وقت بھی وہ اس نکتے کو نظر انداز نہیں کرتے۔ پروفیسر سلیمان اطہر جاوید لکھتے ہیں کہ میری کتاب ''عزیز احمد کے افسانے'' شائع ہوئی اور ان کی نظر سے گزری اس کا ذکر نہایت ذوق وشوق سے کیا اور پھر خاص طور پر افسانوں کے مجموعے تبصرے کے لیے دینے لگے۔ وہ لکھتے ہیں:

’’جگر صاحب سے پہلی ملاقات کب ہوئی یہ یاد ہی نہیں آتا۔ غالباً بی۔اے کا طالب علم تھا۔ لکھنے لکھانے کا سلسلہ شروع ہو چکا تھا۔ ’’سیاست‘‘ میں آنا جانا بھی ہوا۔ جگر صاحب حوصلہ افزائی کرتے اور فراخ دلی کے ساتھ۔ اسی زمانے میں ’’سیاست‘‘ میں بچوں کا صفحہ ترتیب دینے کی ذمے داری مجھے سونپی گئی۔ چند ایک ہفتوں تک یہ سلسلہ جاری رہا اور پھر مسدود ہو گیا۔‘‘

(جگر صاحب۔ پروفیسر سلیمان اطہر جاوید، ص ۴۳)

محبوب حسین جگر قلم کاروں اور صحافیوں کی اس نسل سے تعلق رکھتے تھے جن کے لیے کام ’’مشن‘‘ کی حیثیت رکھتا تھا۔ ایسے صحافی جن کی عمریں صحافت کی زلفیں سنوارتے گزر گئیں، جنھوں نے اخبارنویسیوں کی کئی نسلوں کی تربیت کی مگر خود نام و نمود سے بے پروا رہے۔ محبوب حسین جگر نے ایسے ایسے اداریے سپردِ قلم کیے جن سے تحریکیں پروان چڑھیں اور ذہنوں کی تربیت ہوئی مگر شاذ ہی ان کے وقیع اداریوں کو کتابی شکل میں شائع کیا گیا ہو چناں چہ بیش قیمت تحریریں آج بھی اخبارات کے فائلوں میں گم ہیں۔ یہاں رفعت سروش کا درج ذیل اقتباس پیش کرنا مناسب معلوم ہوتا ہے:

’’معتبر اخبارات کے ذمے دار ایڈیٹروں کی صحافیانہ تحریروں کا انتخاب جہاں اپنے دور کی تاریخ بیان کر سکتا ہے وہیں کوچہ صحافت میں نیا قدم رکھنے والوں کے لیے مشعلِ راہ بھی بن سکتا ہے۔ محبوب حسین جگر کا شمار بلاشبہ اردو کے ایسے ہی بلند مرتبہ صحافیوں میں ہے جن کی تحریروں میں ایک دور سانس لیتا ہے اور جن کے لفظ لفظ سے شائستگی اور ذہانت ٹپکتی ہے۔ مجھے علم ہے کہ ایسے لوگوں کی بہت سے تحریریں بے نام ہی چھپتی ہیں۔ اخبارنویسی کی ضرورت انسان کو اتنا زود نویس بنا دیتی ہے کہ اسے اخبار کا پیٹ بھرنے کی فکر رہتی ہے۔‘‘ (محبوب حسین جگر کی یاد میں۔ رفعت سروش، سب رس مارچ ۱۹۹۸ء، ص ۴۹)

محبوب حسین جگر اس پائے کے صحافی تھے کہ ان کی خدمات پر تحقیقی مقالے سپردِ قلم ہونے چاہیں، کیوں کہ محبوب حسین جگر صرف صحافی ہی نہیں تھے بلکہ انھوں نے کبھی شاعری بھی کی اور افسانے بھی لکھے، ان کے افسانوں کا کوئی مجموعہ غالباً کبھی شائع ہوا لیکن سیاست سے وابستگی کے بعد بقول سلیمان اطہر جاوید انھوں نے صرف ایک افسانہ لکھا۔ ممکن ہے وہ شاعری کرتے رہتے یا ان کی افسانہ نگاری جاری رہتی تو وہ دنیائے ادب میں اپنا کوئی مقام بنا لیتے لیکن ان میں ایک صحافی بننے کی صلاحتیں زیادہ تھیں اور وقت اور حالات نے ثابت کر دیا کہ ایک صحافی کی حیثیت سے انھوں نے بلند ترین مقام تک رسائی حاصل کی، اس طرح وہ ایک خوددار صحافی کی حیثیت سے ہمیشہ یاد کیے جائیں گے۔ ضرورت اس بات کی ہے کہ ان کی تحریروں کو یک جا کر کے محفوظ کرنا چاہیے اور اگر کسی اور جگہ نہیں تو کم سے کم حیدرآباد میں ان کے نام سے صحافت کا تربیتی مرکز قائم ہونا چاہیے۔

محبوب حسین جگر کو اعزاز وایوارڈ ملے اور شاید انھوں نے اعزازات کو اس لیے قبول کیا کہ چاہنے والے دل شکستہ نہ ہوں۔ تاہم ان سے محبوب حسین جگر کے مرتبے میں کیا اضافہ ہوا کیا اضافہ ہوتا، ہاں مگر یہ اعزازات معتبر ہو گئے۔ چناں چہ ۱۹۹۳ء میں ہارمنی ایوارڈ اور ۱۹۹۴ء میں آل انڈیا اردو ایڈیٹرس ایوارڈ کو قبول کرتے ہوئے محبوب حسین جگر نے ان ایوارڈز کی منزلت کو کچھ اور فزوں کر دیا۔

مجتبیٰ حسین اپنے بڑے بھائی محبوب حسین جگر کے انتقال سے کچھ پہلے کی کیفیت یوں رقم طراز ہیں کہ میں حسب معمول گیارہ بجے اسپتال واپس ہوا تو جگر صاحب کا ملازم نرسنگ اوپر سے دوڑتا ہوا آتا نظر آیا۔ کہنے لگا ’’جگر صاحب آپ کو یاد کر رہے ہیں اور آپ کو فوراً اوپر بلا رہے ہیں‘‘۔ میں کمرے میں گیا تو بائیں طرف اپنے پیٹ کو تھامے ہوئے تھے سخت تکلیف میں مبتلا تھے لیکن پورے سکون کے ساتھ

بولے'' آج میری طبیعت کچھ زیادہ ہی خراب لگ رہی ہے۔ آج کی رات بڑی بھاری نظر آتی ہے۔ میں تمھیں رات میں روکنا نہیں چاہتا تھا لیکن پھر بھی تم رک سکو تو اچھا ہے''۔ اس جملے نے میرے سارے وجود کو ہلا کر رکھ دیا۔ میں نے ڈاکٹر کو بلایا تو خفا ہو گئے کہ کیوں ڈاکٹروں کو پریشان کرتے ہو۔ اتنے میں ڈاکٹر سلمان وہاں آ گئے، نیند کا انجکشن دیا۔ تکلیف اتنی زیادہ تھی کہ بڑی مشکل سے آدھا پون گھنٹہ سو گئے۔ بے چینی بڑھی تو میں نے پھر ڈاکٹر کو بلایا۔ کہنے لگے'' صبح میں ڈاکٹر سدھیر نائک آئیں گے تو وہ دیکھ لیں گے کیوں ڈاکٹروں کو پریشان کر رہے ہو''۔ رات کے چار بجے کے بعد سے تکلیف نا قابلِ برداشت ہوتی چلی گئی۔ پونے چھے بجے جب ان کی حالت غیر ہونے لگی اور نرسیس انھیں گلوکوز دینے کے لیے شریانیں ڈھونڈنے لگیں تو انھوں نے پورے اعتماد کے ساتھ مسکراتے ہوئے نرسوں سے کہا:

"Thank you very much sisters, now please stop this."

پھر میرا ہاتھ تھامے ہوئے بڑے اعتماد کے ساتھ بولے'' ظہیر اور زاہد کو فون کر کے بلالو اور کہو کہ مجھے گھر لے چلیں۔ زندگی سے میرا معاہدہ اب ختم ہو چکا ہے''۔ اس کے بعد انھوں نے چھت کی طرف دیکھا اور بہ آواز بلند کہا'' اللہ پاک میری مشکل کو آسان فرما دے اور مجھے اس عذاب سے نجات دلا دے''۔'' اللہ پاک، اللہ پاک'' اس کے بعد ان کی زبان بند ہو گئی۔ اللہ کو پکارنے کے بعد پھر انھوں نے کسی بشر سے بات نہیں کی۔ ان کی سانسیں اکھڑنے لگیں۔ اس حالت میں انھیں آئی سی یو لے جایا گیا۔ ڈاکٹر شاہد علی خاں، ظہیر الدین علی خاں، زاہد علی خاں، عامر علی خاں اور ڈاکٹر سدھیر نائک بھی آ گئے۔ تنفس کو دوبارہ بحال کرنے کے لیے ڈاکٹروں کی ٹیم نے کوششیں شروع کر دیں اور کچھ دیر بعد تنفس کا عمل بحال بھی ہو گیا۔ مجھ سے یہ دیکھا نہیں گیا، میں چپ چاپ ICU سے باہر چلا آیا۔ مجھے اندازہ ہو گیا تھا کہ اب وہ کسی انسان سے پھر بات نہیں کریں گے کیوں کہ وہ خدا سے رجوع ہو چکے تھے۔ اگرچہ وہ صبح میں ہی دنیا سے اپنا ناتا توڑ چکے تھے اور زندگی سے اپنا معاہدہ فسخ کر چکے تھے لیکن ڈاکٹروں نے انھیں بچانے کی سہ پہر میں ڈھائی بجے تک پوری کوشش کی اور یوں حیدرآبادی تہذیب کا ایک سچا علم بردار، ایک قلندر صفت صحافی اور ایک عظیم انسان ہم سب سے رخصت ہو گیا۔

محبوب حسین جگر کے بارے میں پروفیسر سلیمان اطہر جاوید یہ کہتے ہیں کہ ان کی وفات سے پیدا شدہ خلا پُر نہیں ہوگا۔ جگر صاحب رجحان ساز ہی نہیں شخصیت ساز بھی تھے۔ انھوں نے'' سیاست'' کے دفتر میں کام کرنے والوں ہی کی تربیت نہیں کی، شہر حیدرآباد بلکہ اس کے باہر کی نئی نسل نے بھی ان سے اکتساب کیا، فیض اٹھایا، محبوب حسین جگر نے کسی سے لیا نہیں، اپنا سب کچھ صحافت کو دے دیا۔ وہ صرف ایک فرد نہیں، ایک شخصیت نہیں، ایک مشن تھے اور محبوب حسین جگر ایک تحریک کا نام ہے ایک جذبہ، ایک کیفیت کا نام ہے۔ انھوں نے جو اقدار چھوڑی ہیں وہ ضائع نہیں ہوں گی، آئندہ نسلوں کو منتقل ہوتی رہیں گی۔ نئے لکھنے والے، نئے صحافی اس مشن، اس تحریک، اس جذبے، اس کیفیت اور ان اقدار کو مشعلِ راہ بنائیں گے اور یہ سفر جاری رہے گا۔

محبوب حسین جگر کا نام نہ صرف اخبار سیاست کی تاریخ میں نہیں بلکہ حیدرآباد کی تاریخ میں بھی روشن رہے گا۔ ایک ایسے شخص کا نام جس نے صرف کام سے کام رکھا، سلیقے سے زندگی گزاری۔ ان کے پس ماندگان میں روزنامہ سیاست حیدرآباد کے سارے قارئین جو دور دور تک پھیلے ہوئے ہیں سب شامل ہیں کیا عجیب و غریب داستان ہے کہ جمِ غفیر میں رہنے والا شخص زندگی بھر تنہا رہا لیکن انجمنیں سجاتا رہا۔ اسم با مسمیٰ محبوب آج بھی اردو صحافت کا استعارہ ہے۔

OOO

صاحبِ سرخ مو

خاکہ ____________ محمد شبلی آزاد

جی آپ نے صحیح سنا سرخ مو، بروزن ''سرخ رو'' عنوان سرخ مو کیوں رکھا گیا ہے۔آپ لوگ اس سے بخوبی واقف ہیں اور اگر نہیں ہیں تو ہو جائیں گے۔ میں اپنے دوست کی ایک بات سے سو فیصد متفق ہوں کہ کسی عظیم شخصیت کی تصویر صفحہ قرطاس پر الفاظ کی مدد سے کھینچنا بڑا دشوار گزار کام ہے۔ جا بجا ہمیں کم علمی اور قلم کی کوتاہی کا شدید احساس ہوتا ہے۔کبھی الفاظ سکڑ کر چھوٹے ہو جاتے ہیں تو کبھی معنی ومطالب کا دامن محدود ہوتا چلا جاتا ہے، میں بھی اسی پریشانی کا شکار ہوں ہلکی ہلکی مدھم مدھم سی روشنی میں اپنے استاد بلکہ ہم سب کے استاد صاحب سرخ مو'نسیم الدین فریس صاحب' کی قلمی تصویر پیش کرنے کی کوشش کر رہا ہوں۔نسیم صاحب کا حلیہ ملاحظہ فرمالیں،قد لمبا،جسم چھرہرا، رنگ سانولا اور اس پر مہدی کے خضاب سے رنگین سرخی مائل سر اور داڑھی کے بال ان کے خوبصورت اور پرنور چہرہ کے حسن کو دوبالا کر دیتے ہیں اسی لیے میں ان کو صاحب سرخ مو کہتا ہوں۔ فارمل پینٹ پر ان کیا ہوا شرٹ اُن پر خوب جچتا ہے۔لباس جتنا سادہ،مزاج اس سے کہیں زیادہ سادہ، چلتے ہوئے ہلکا سا جھک جاتے ہیں بالکل کسی شاخ ثمر دار کی مانند۔اگر اتفاق سے کوئی سامنے آجائے خواہ وہ چھوٹا ہو یا بڑا تو مزید جھک کر اپنا داہنا ہاتھ پیشانی تک اٹھاتے ہوئے اس طرح سلام کرتے ہیں کہ قدیم حیدر آبادی تہذیب ان کی شخصیت میں سمٹی ہوئی محسوس ہوتی ہے۔ یہ انداز میں نے یونیورسٹی کے صرف دو ہی اساتذہ میں پایا ایک نسیم صاحب ور دوسرے پروفیسر حبیب الدین قادری صاحب۔نسیم صاحب ماہر دکنیات ہیں دکنی ان کی شخصیت میں رچ بس گئی ہے گفتگو میں دکنی زبان کی نزاکت اور اس کی مٹھاس اس طرح پیوست ہے کہ مخاطب کو اپنا گرویدہ بنا لیتے ہیں بات بات پر داہنا ہاتھ سینے تک لے جاکر تسلیم بجالانے کی ان کی یہ ادا نہ صرف ان کے حسن اخلاق کا نمونہ ہے بلکہ اردو کی تہذیب کی بھی یاد تازہ کر دیتی ہے۔

صاحب بہت کم بولتے ہیں اور جب بولتے ہیں تو بس وہ کہا کریں اور سنا کرے کوئی۔کم الفاظ میں زیادہ کہنے کا ہنر ان کی شخصیت کا خاصہ ہے۔ظرافت ان کے مزاج کا اٹوٹ حصہ ہے یا یوں کہیے کہ غالب سے وراثت میں ملی ہے۔سنجیدہ ماحول کو مسرت آمیز فضا میں تبدیل کرنا اور برمحل ظریفانہ انداز بیان سے محفل کو خوشگوار بنا دینا انہیں خوب آتا ہے۔اس حوالے سے مجھے حال ہی کا ایک واقعہ یاد آرتا ہے۔ ڈاکٹر شمس الہدیٰ صاحب اور ڈاکٹر مسرت جہاں صاحبہ کے پروفیسر بننے کی خوشی میں طلباء کی طرف سے ایک تقریب منعقد کی گئی تھی،اس تقریب میں ایک ایسا لمحہ بھی آیا کہ جب ماحول پر اداسی کی ایک کیفیت طاری ہو گئی،لیکن جب نسیم صاحب اسٹیج پر آئے تو انہوں نے پروفیسر فاروق بخشی صاحب کے اس جملے کی طرف جس میں انہوں نے ڈاکٹر شمس الہدیٰ صاحب کو قبل از وقت ہی پروفیسر شپ کی مبارک باد دینے کی بات کہی تھی ،اشارہ کرتے ہوئے بڑے ہی لطیف انداز میں مسکراتے ہوئے کہا کہ اب تک مجھے لگتا تھا کہ ہمارے شعبے میں صرف ایک ہی ولی ہیں ،یعنی شمس الہدیٰ صاحب آج معلوم ہوا کہ ایک نہیں بلکہ دو دو ولی موجود ہیں۔اتنا کہنا تھا کہ سب کے ہونٹوں پر مسکراہٹ لوٹ آئی اور محفل ایک بار پھر خوش گوار ہو گئی۔ بات صاحب کی حس ظرافت کی ہو رہی ہے تو مجھے ایک اور واقعہ یاد آ گیا۔ایم اے میں دکنیات ہم نے نسیم صاحب سے پڑھی۔ایک دن کلاس میں گیت کے حوالے سے بات چھڑ گئی ،شومئی قسمت کہ مجھے گیت کے بجائے گدھ سنائی دیا چونکہ صاحب گیت کی قدامت اور اس کی خصوصیت پر گفتگو فرما رہے تھے میں گدھ سمجھ کر حیرت میں پڑ گیا اور میری زبان سے بے ساختہ نکلا ،سر اسے تو لوگ منحوس سمجھتے تھے۔ یہ سن کر سر کو بھی حیرت ہوئی تین چار

منٹ اسی غلط فہمی کی نذر ہو گئے تب کہیں جا کر یہ آشکار ہوا کہ سرگدھ نہیں بلکہ گیت کی بات کر رہے ہیں سر نے مسکراتے ہوئے کہا آپ صحیح کہہ رہے ہیں گدھ واقعی بڑا منحوس ہے۔ ہمارے تین چار منٹ اس نے ضائع کر دیا۔ کلاس کی بات چھڑ ہی گئی ہے تو صاحب کی کلاس کا حال بھی بتا تا چلوں، ان کے پڑھانے کا انداز مختلف اور بڑا اثر الا تھا کرسی پر بیٹھ کر ٹیک لگائے اپنا دایاں پیر بائیں پیر پر چڑھا لیتے، دائیں ہاتھ کی کہنی کرسی کے ہینڈل پر ٹکا کر شہادت کی انگلی ہونٹ کے داہنے طرف رکھ کر جب آنکھیں بند کر بولنا شروع کرتے تو دکن کی تاریخ، ادب، تہذیب وثقافت ان کی زبان سے سیل رواں کی طرح بہنے لگتے، اس دوران مجھے یہ شعر اکثر یاد آ جاتا

الٹے ہی چال چلتے ہیں دیوانگان عشق
آنکھوں کو بند کرتے ہیں دیدار کے لیے

باتوں باتوں میں میں یہ بتانا تو بھول ہی گیا کہ نسیم صاحب درس وتدریس سے وابستہ ہونے کے ساتھ ساتھ ان ذمہ داریوں کو بھی بخوبی نبھاتے رہے جو کسی بھی جامعہ کے انتظامی امور سے متعلق ہوتی ہیں۔ انصاف سے کام لیا جائے تو یہ کہنا پڑے گا کہ وہ اس میدان کے بھی شہسوار تھے۔ اب یہ سواری بہ رضا ورغبت تھی یا ایک قسم کا جبر لیکن اتنا تو کہنا ہی پڑے گا کہ وہ اسے اپنے علمی کاموں میں ایک روکاوٹ ضرور قرار دیتے تھے۔ ایک مرتبہ میں نے نسیم صاحب کے آفس میں رکھے ہوئے کئی رسائل میں ان کے شائع شدہ مضامین دیکھتے ہوئے کہا سر آپ نے تو بہت زیادہ مضامین لکھے ہیں انہیں مرتب کر کے شائع کیوں نہیں کراتے تو کہنے لگے ایسی خباثت میں پھنس گیا ہوں کہ پڑھنے لکھنے کا موقع ہی نہیں ملتا، کبھی وقت ملے گا تو دیکھا جائے گا۔ ان کی زبان سے یہ جملہ سن کر مجھے شاد عظیم آبادی کی یاد آ گئی۔

دل مضطر سے پوچھ اے رونق بزم
میں خود آیا نہیں لایا گیا ہوں
نہ تھا میں معتقد اعجاز مئے کا
بڑی مشکل سے منوایا گیا ہوں

یا بہ زبان غالب یوں کہیے۔

میں کہاں اور یہ وبال کہاں

خیر جانے دیجیے شعر وشاعری۔ ہم بات کر رہے ہیں یونیورسٹی کے انتظامی امور میں نسیم صاحب کی شمولیت ومصروفیت کی۔ وہ بیک وقت ڈین اسکول برائے السنہ، لسانیات اور ہندوستانیات اور صدر شعبہ اردو نیز ڈائریکٹر شعبہ دکنیات تینوں کی ذمہ داری قبول کی اور عرصہ دراز تک ان عہدوں پر فائز رہے۔ اتنے اہم عہدوں پر بیک وقت فائز رہنے کے باوجود تکبر انہیں چھو کر بھی نہ گزرا۔ شعبے اور اسکول کے طلبہ پر ان کی شفقت ہمیشہ قائم رہی۔ اس شفقت ومحبت کا یہ عالم تھا کہ کبھی بھی کسی طالب علم کو دستخط کے لیے آفس کا چکر لگانے کی ضرورت پیش نہیں آئی، ہاتھ میں قلم لیے ہمیشہ دستخط کے لیے تیار رہتے اگر کوئی طالب علم ذرا دیر تک ان کے آفس کے باہر کھڑا ہو جاتا تو نسیم صاحب یا تو اسے بلوا لیتے یا پھر خود ہی باہر چلے آتے اور پوچھتے مجھ سے کوئی کام ہے؟ کہیں دستخط چاہیے؟ اس ضمن میں ایک بڑا ہی پرلطف واقعہ یاد آ رہا ہے ہمارے کچھ ساتھیوں کو نیٹ کا سٹرٹیفکیٹ جمع کرنا تھا وہ لوگ سر سے ملنے ان کے دفتر جا رہے تھے تو میں بھی ساتھ ہو لیا ابھی ہم آفس میں داخل ہو ہی رہے تھے کہ نسیم صاحب کی نظر

ہم پر پڑ گئی انہوں نے فوراً جیب سے قلم نکال لیا۔ ہم سب کے چہرے پر مسکراہٹ دوڑ گئی۔ ہم نے کہا سر دستخط نہیں چاہیے بس ٹِفکیٹ جمع کرنا ہے۔

صاحب بڑے سادہ اور نرم مزاج ہیں، مجھے اچھی طرح یاد ہے کہ سر کی سادہ مزاجی کے سبب ہی ہمارے بی اے کے دوست ان کو اللہ میاں کی گائے کہتے تھے۔ ابتداً ہم دوستوں کے نزدیک سر کی پہچان ان کی بائیک اور ربر سے بندھے ہوئے کی پیڈ موبائل سے تھی۔ وہ ہمیشہ بائیک کی سواری کرتے تھے اور آج بھی کرتے ہیں بس فرق اتنا ہے کہ پہلے اپنی بائیک سے آتے تھے لیکن ایک سڑک حادثے کے بعد اس بائیک کو خیر باد کہہ دیا۔ خیر اس بائیک کی تو جان چھوٹ گئی لیکن ربر سے بندھے ہوئے کی پیڈ کے پرانے موبائل نے دیر تک ان کا ساتھ دیا۔ خوش قسمتی سے ایک ڈیڑھ سال قبل اس نے بھی داغ مفارقت دے دیا، انا للہ وانا الیہ راجعون۔ اب ان کے پاس ایک اینڈرائیڈ موبائل ہے۔ نرم مزاجی کا عالم یہ تھا کہ شعبے کے اٹنڈ ٹک سے تیز آواز میں بات نہیں کرتے انہیں تھے، کوئی حکم بھی دیتے تو گزارش کے لہجے میں نتیجہ یہ ہوا کہ اٹنڈر بھی اپنی شرطوں پر کام کرتے تھے۔ خود صاحب دستگیر کے پاس گھٹنوں بیٹھ کر کام کرتے اور کرواتے ہیں تب جا کر کوئی کام تکمیل تک پہنچ پاتا تھا۔

وہ خود تو بے حد سادہ مزاج ہیں لیکن انہوں نے بے شمار زندگیوں میں رنگ بھرا ہے۔ کتنے ہی پودے ان کی نگہبانی میں تناور درخت بن گئے اور یہ سلسلہ آج بھی جاری ہے اور ان شاء اللہ آگے بھی جاری رہے گا۔

OOO

قاضی عبدالغفار.....ایک ہمہ جہت شخصیت

خاکہ _______________ نسیمہ تراب الحسن

قاضی عبدالغفار کی ہمہ جہت شخصیت کے متعلق کچھ کہنا مشکل ہے۔ عام طور پر ان کے ذکر کے ساتھ ''لیلیٰ کے خطوط'' اور ''مجنوں کی ڈائری'' کی مشہور منفرد کتابیں ذہن میں اُبھرتی ہیں اور لوگ اسی میں کھو جاتے ہیں لیکن ہم ان کی زندگی کے بارے میں معلومات حاصل کریں تو ان کی بے شمار صفات کا علم ہوتا ہے کہ وہ کیسی خوبیوں کے حامل تھے۔

قاضی عبدالغفار کے والد کا نام خاں بہادر قاضی ابرار احمد تھا جو زمیندار ہونے کے باوجود علم و ادب کا ذوق وشوق رکھتے تھے جس کے باعث وہ اپنے وطن مراد آباد میں درجہ اول کے آنریری مجسٹریٹ بن گئے۔ انھوں نے اپنے بیٹے قاضی عبدالغفار کو ابتدائی تعلیم مراد آباد میں دلوائی۔ میٹرک پاس کرنے کے بعد انھیں اعلیٰ تعلیم کے لیے علی گڑھ بھیج دیا، جہاں انھوں نے انٹرمیڈیٹ کیا۔ ان کے والد انگریزی سرکار میں مقبول تھے، انھوں نے کوشش کر کے قاضی صاحب کو نائب تحصیل دار کی ملازمت دلوادی پھر وہ اپنی محنت سے تحصیل دار ہو گئے اور دو سال تک کام کیا۔ لیکن انھیں شروع سے صحافت سے دلچسپی تھی۔ قسمت سے مولانا محمد علی کو ان کی صلاحیتوں کا پتہ چلا اور انھوں نے اپنے اخبار ''ہمدرد'' میں بحیثیت نائب صدر مقرر کیا۔ مولانا محمد علی سے قاضی صاحب نے وہ تمام گر سیکھے جو اس فن کے معیار کے لیے ضروری ہوتے ہیں۔ مولانا محمد علی کی نظر بندی کے ساتھ یہ اخبار بند ہو گیا۔ قاضی صاحب نے کلکتہ سے ''جمہور'' اور دلی سے ''صباح'' نکالا۔ وہ جب حیدر آباد آئے تو ۱۹۳۵ء میں روزنامہ ''پیام'' نکالا۔ یہ اپنے معیار کی وجہ سے پورے ہندوستان میں مشہور اور مقبول ہوا۔ اہل قلم اور نوجوان نسل اس سے بہت متاثر ہوئے۔ قاضی صاحب کا حیدر آباد میں نظام سرکار کے زمانے میں سر مرزا اسماعیل کے عہد میں محکمہ اطلاعات کے ناظم کے عہدہ پر تقرر ہوا، وہ تین سال تک اس عہدے پر فائز رہے۔

قاضی عبدالغفار وجیہہ شخصیت کے مالک تھے۔ اونچا قد، چوڑی پیشانی، رنگ گندمی تھا چہرے پر متانت اور خود اعتمادی، کم سخن، لباس میں نفاست کا پہلو، طالب علمی کے زمانے میں کوٹ پتلون پہنتے تھے مگر آگے چل کر اس کو چھوڑ دیا اور چوڑی دار پاجامہ پہننے لگے، کسی بھی محفل میں جاتے تو اہل محفل کی نگاہیں ان کی پُر وقار شخصیت کو دیکھتی رہتیں۔ وہ صرف صحافی نہ تھے بلکہ ایک ممتاز ادیب، انشائیہ نگار، افسانہ نگار، ناول نگار کے ساتھ ڈرامہ نویس، نقاد، مترجم اور شاعری بھی کی اور اردو تحریک کے علمبردار بھی۔ قاضی صاحب کو سولہ برس کی عمر سے صحافت سے دلچسپی رہی۔ ان کی ابتدائی تحریریں مراد آباد کے رسالے میں شائع ہوتیں۔ تحصیل دار کی ملازمت سے استعفاء دینے کے بعد وہ پوری طرح صحافت سے جڑ گئے اور خوش قسمتی تھی کہ مولانا محمد علی نے انھیں اپنا اسسٹنٹ بنالیا۔ مختلف اخباروں کی ادارت کرتے رہے۔ حکومت کی پابندی سے اخبار بند ہو جاتا تو دوسرے نام سے جاری کیا جاتا۔ انگریزی حکومت کی سخت گیری کا ذکر انھوں نے اس طرح کیا تھا میں ایک عرصے سے دیکھ رہا ہوں کہ دفتر اقتدار کا پنجہ خصوصیت کے ساتھ اسلامی اخباروں پر زیادہ آسانی سے چلایا جاتا ہے لیکن یہ بھی کچھ ایسے آواگوں سے واقف ہو گئے ہیں کہ ایک دفعہ ان کی زندگی ختم کر دی جاتی ہے تو پھر دوبارہ بدلے ہوئے روپ میں جلوہ افروز ہو کر اپنے عزم و استقلال کا ثبوت دیئے بغیر نہیں رہتے ''جمہور'' نے جب اپنے چہرے پر فنا کی نقاب ڈالی تو ''صباح'' کی برقعہ کشائی نے اس کی تلافی کر دی۔ اس لیے مجھے اطمینان ہے کہ اگر ''صباح'' نے اپنے برادر مرحوم کا ساتھ دیا تو پھر اسی جمہور کی روح کسی اور روپ میں اپنی رونمائی سے باز نہیں رہے گی''۔ یہ سب اخبار جمہور، صباح، صداقت، مدینہ شدید

انتہا پسند مسلمانوں کے تھے اور انڈین نیشنل کانگریس، ہوم رول اور انتہا پسند مسلم سیاست کے خیالات کی ترجمانی کرتے تھے۔ قاضی عبدالغفار کو مراد آباد، کلکتہ، نظر بند کیا گیا، انھیں کلکتہ سے چلے جانے کا حکم بھی ملا، وہ نینی تال جیل میں مقید بھی رہے لیکن اپنے نظریہ اور اصولوں پر قایم رہے۔ انھوں نے جب ۱۹۳۴ء میں حیدرآباد میں روزنامہ ''پیام'' جاری تو حیدرآبادی جاگیرداری نظام میں پولیس سے لے کر کتب خانہ آصفیہ کے مہتمم تک سے قاضی صاحب کی ان بن رہی اور بقول سرینواس لاہوٹی ان سب کے خلاف چودہ اداریئے لکھے جو صحافتی تاریخ میں یادگار رہی۔ کچھ عرصے بعد روزنامہ ''پیام'' کو اختر حسن صاحب کے سپرد کر کے لکھنو اور پھر وہاں سے دہلی چلے گئے۔ وہاں ایک ڈیڑھ سال وہ مولانا ابوالکلام کے ساتھ ان کے گھر رہے۔ مولانا آزاد کو قاضی صاحب کی صلاحیتوں کا بخوبی علم ہوگیا۔ قاضی صاحب بھی مولانا آزاد کی طبیعت سے پوری طرح واقف ہوگئے۔ اس زمانے میں انجمن ترقی اردو کا صدر دفتر دہلی میں تھا۔ ۱۹۴۷ء میں فسادات کی آفت برپا تھی، شر پسندوں نے اس دفتر کو آگ لگادی، انجمن کی لائبریری قیمتی کتابیں اور مسوادات اس کی نذر ہوگئے۔ مولوی عبدالحق پاکستان چلے گئے۔ مولانا آزاد کو انجمن کی سرگرمیوں سے شروع سے دلچسپی تھی اور وہ اس کے رُکن بھی رہے تھے۔ انھوں نے پولیس کی مدد سے بچتے ہوئے اثاثے کو دہلی کالج کی عمارت میں رکھوادیا تھا۔ انھوں نے نئے سکریٹری کے لیے قاضی عبدالغفار کا انتخاب کا۔ انجمن ترقی اردو کے سکریٹری بننے کے بعد قاضی صاحب نے جو کام کیے وہ ناقابل فراموش ہیں۔ انھوں نے اردو کی حمایت میں ایسے وقت آواز اُٹھائی جب کہ اردو کا نام لینے والوں کو ملک کا دشمن اور پاکستان کہا جاتا تھا۔ انھوں نے انتہائی جرأت سے کام لیا اور اردو کو اس کا جائز مقام دلانے کی جدوجہد میں لگے رہے یہاں تک کہ اس سلسلے میں علاقائی اور مرکزی حکومت بھی ٹکر لی۔ وہ تقسیم ملک کے بعد انجمن ترقی اردو (ہند) کے پہلے جنرل سکریٹری بنائے گئے۔ اور اس کے ترجمان پندرہ روزہ ''ہماری زبان'' کے ایڈیٹر مقرر کیے گئے انھوں نے اپنے آخری دم تک اس کی ادارت کا فرض ادا کیا۔ اردو کے تحفظ و بقا کی خاطر قاضی صاحب نے ہر ممکن کوشش کی۔ متعصب سیاسی رہنماؤں اور ایوان حکومت کے تنگ نظر وزیروں سے بحث مباحثے کیے۔ اسی کے ساتھ اہل اردو زبان کے دلوں میں اپنے حق مانگنے کا جوش و ولولہ پیدا کا۔ وہ اردو کو ہندوستان کی مشترکہ تہذیب اور قومی اتحاد کی نشانی سمجھتے تھے اور اس مسئلے کو خلوص کے ساتھ حل کرنا چاہتے تھے۔ اس سلسلے میں انھوں نے نہ تو فرقہ پرستی سے کام لیا اور نہ ہندی زبان کی مخالفت کی اور نہ اردو تحریک کے دوران حکومت کے خلاف رویہ اختیار کیا۔ وہ ہندی کی سرکاری و قومی حیثیت کو تسلیم کرتے تھے اور نوجوان نسل کو اس کا سیکھنا ضروری بتاتے تھے۔ قاضی صاحب اردو کے مستقبل سے مایوس نہیں تھے۔ وہ اس کی مخالفت کو دور کرنے کی ہر طرح جدوجہد میں سرگرداں رہتے۔ بالآخر قاضی صاحب نے اس مسئلے کو ''اجتماعی محاذ پر حل کرنے کی خاطر عوامی تحریک کا بیڑہ اٹھایا۔ اس تحریک کا بنیادی مقصد یہ تھا کہ جن کی مادری زبان اردو ہے ان کے لیے مادری زبان میں تعلیم کی آسانیاں بہم پہنچائیں اس وفد کے صدر ڈاکٹر ذاکر حسین کی قیادت میں وزیر تعلیم حکومت اُتر پردیش کو عرضداشت پیش کی گئی جو یو پی میں اس تحریک کے نمائندوں کی طرف سے تھی اور دس ہزار افراد دستخطوں کے ساتھ مربوط تھی۔ لیکن اس کا خاطر خواہ نتیجہ نہیں نکلا۔ قاضی صاحب نے ہمت نہ ہاری پھر ۲۳ ردسمبر ۱۹۵۱ء میں لکھنو میں ایک علاقائی زبان کنونشن منعقد کیا جس کی صدارت ڈاکٹر ذاکر حسین نے ہی کی۔ قاضی صاحب نے اپنی تقریر میں وضاحت کے ساتھ کہا کہ ''یہ تحریک قطعاً غیر سیاسی اور محض دستوری ہے، یہ کوئی سیاسی شورش نہیں بلکہ ایک اجتماعی دستوری مطالبہ ہے جو اک مختصر کی صورت میں پیش کیا جائے گا اس پر ہر مذہب کے اروزبان بولنے، پڑھنے لکھنے والے افراد کے دستخطوں کے ساتھ پیش کرنا تھا اس کام کو انجام دینا مشکل تھا۔ ہر جگہ نشرواشاعت کا سلسلہ جاری کیا گیا۔ فارم چھپوائے گئے ان سب کاموں کے لیے شعبہ درکار تھا چنانچہ مرکزی انجمن کے

تحت ایک سنٹرل فنڈ قایم کیا یا تقریباً ستر ہ مہینے کی مسلسل جدو جہد کے بعد بیس لاکھ دستخط جمع ہوئے پھر ان کی جانچ اور ترتیب کا کام کیا گیا۔اس کے بعد لکھنو میں ورکرس کانفرنس ہوئی اور طے پایا کہ یہ عرضداشت ایک وفد جس میں قاضی عبدالغفار اپنے دوسرے ساتھیوں کے ساتھ صدر انجمن اردو (ہند) ڈاکٹر ذاکر حسین کی قیادت میں صدر جمہوریہ ہند ڈاکٹر راجندر پرشاد کے پاس یکم رفروری ۱۹۵۳ءکو لے جا کر دیں گے۔اس پر عمل ہوا لیکن وائے قسمت صدر جمہوریہ کے فیصلے کا انتظار کرتے کرتے ۱۶رجنوری ۱۹۵۶ءکو قاضی عبدالغفار اس دنیا سے رخصت ہو گئے۔

قاضی عبدالغفار بڑی صلاحیتوں کے مالک تھے۔ایک ممتاز ادیب ہونے کی وجہ سے انھیں سماجی اور سیاسی مسائل سے گہری دلچسپی تھی جس کا عکس ان کی ادبی تخلیقات میں واضح دکھائی دیتا ہے۔ان کی تحریریں ہم کو اسلوب کی چاشنی سے مالا مال دکھائی دیتی ہیں۔ان کے فکر و خیال کی شوخیاں ان کے ذوق کی لطافت و نفاست کو ظاہر کرتی ہیں۔وہ زندگی اور فن، اخلاقیات اور جمالیات دونوں کے اردو شناس تھے ساتھ ہی وہ وسیع النظر بھی تھے۔ان سب خوبیوں کے باوجود انتہائی منکسر مزاج تھے اپنی صفات سے بے نیاز، نام نمود کی ستائش سے بے پرواہ۔دوروں کہنے پر انھوں نے اپنی سوانح حیات لکھی جو بے حد مختصر ہے۔اس کی چند سطور یہ ہیں ''میں اپنی زندگی کے حالات کیا عرض کروں سوائے اس کے کہ عمر کے بیالیس سال ایک جستجوئے بے معنی میں گذر گئے، ابتدائی عمر سرکاری ملازمت میں گزری اس سے جی اُکتا گیا تو اخبار نویسی کی بلا میں پھنس گیا۔حکیم مسیح الملک مغفور کی صحبت میں شعر و شاعری کا چرچہ کرتا رہا مغفور ''حکیم اجمل خاں'' کبھی کبھی اصلاح فرما دیا کرتے تھے آج تک میرا کلام کبھی شائع نہیں ہوا''۔اس سے ہم کو ان کی سادہ مزاجی کا اندازہ ہوتا ہے کہ اپنے مایہ ناز کاموں کا اظہار نہیں کیا۔اپنی اہم تحریک راگ نہ الاپا۔جو کچھ لکھا انتہائی سادگی کے پہلو کے ساتھ وہ وفد خلافت کے ساتھ انگلستان گئے۔ڈھائی ماہ بعد واپسی آ کر مراد آباد میں مقیم ہو گئے۔دوستوں کے اصرار پر اپنے اس سفر کے حالات قلمبند کیے جو ''نقش فرنگ'' کے نام سے موسوم ہیں۔اس کا مطالعہ کریں تو ایسا لگتا ہے کہ ہم خود وہاں موجود تھے۔یورپ میں انھوں نے ہندوستانی نادر اشیاء جیسے بنارسی ساڑیاں وغیرہ کی دوکان کھولی یہاں کی چیزیں وہاں لے جاتے اور وہاں کی یہاں لاتے مگر تجارت ان کی طبیعت کے لیے موزوں نہیں تھی کچھ عرصے کے بعد بند کر دی۔

قاضی عبدالغفار ایک حساس طبیعت کے حامل تھے۔انصاف پسندی ان کا شعار تھا۔سماج میں پھیلی برائیاں ان کے دل و دماغ میں ہلچل مچاتی رہیں۔صنف نازک کا استحصال اور خاص کر بازار حسن کی جلوہ فروشی کے نظاروں نے انھیں ''لیلیٰ کے خطوط'' لکھنے پر مائل کہ جو انشاپردازی کا اظہار کے لیے نہیں بلکہ اس میں ایک عورت کے دکھی دل کی داستان قاضی صاحب نے اس کے ذریعہ یہ بتایا ہے کہ ایک طوائف کی زندگی نفرت انگیز نہیں درد انگیز زیادہ ہوتی ہے اور اس کو اس منزل پر پہنچانے والے دل پھینک نواب، آوارہ مزاج نوجوان ہی نہیں لیڈران قوم، پنڈت، مولوی سبھی شامل رہتے تھے۔اس مختصر داستان میں قاضی صاحب نے ایک لیلیٰ ہی نہیں بلکہ ہزاروں بدنصیب عورتوں کی روداد پر روشنی ڈالی ہے جو مردوں کی نفس پرستی کا شکار ہوتی ہیں۔اسی کے ساتھ ''مجنوں کی ڈائری'' میں قاضی صاحب کا مقصد نوجوان نسل کی طرز زندگی، انداز فکر اور عمل میں اصلاح کرنا تھا۔ان کا کہنا تھا کہ دراصل نظام ہو کی خاصی ہے کہ اس میں کردار سازی کو اہمیت حاصل نہیں ہے۔جس کے باعث بے راہ روی اور بے مقصد زندگی کی راہوں میں بچے بھٹکنے لگتے ہیں۔ان کی دوسری تعینات ''عجیب''، ''تین پیسے کی چھوکری''، ''سوانح'' جو آثار جمال دین افغانی کے بارے میں ہے اور ایک آثار 'ابوالکلام' ایک نفسیاتی مطالعہ ہے۔انھوں نے ''حیات اجمل'' بھی قلمبند کی ہے جو مسیح الملک حکیم محمد اجمل خاں کی سوانح حیات ہے۔سفر ناموں میں ''نقش فرنگ'' قابل ذکر ہے۔اس نے کہا عربی کے مشہور مصنف خلیل بران کی تالیف ''النبی'' کا

آزاد ترجمہ ہے۔ بقول قاضی عبدالغفار صاحب کی بیٹی فاطمہ عالم علی کے ابا کو اپنے بیوی بچوں کے ساتھ رہنا پسند تھا وہ اپنے فرصت کا وقت گھر کی چھوٹی باتوں میں گزار کر خوش رہتے، بچیوں کے ڈوپٹے رنگتے، اس میں لچکا ٹانکتے، بیوی کے ہاتھوں میں مہندی لگاتے، چوڑیوں کا انتخاب کرتے، سنیما دیکھنے کا پروگرام اور پکنک کا اہتمام ہوتا غرض کہ ہنگامہ رہتا۔ ان کی شگفتہ مزاجی کا رنگ، ترقی پسند نوجوانوں کے جمگھٹ میں دیکھنے سے تعلق رکھتا تھا۔ پینسٹھ سال کی عمر سے صحت حراب ہوگئی تھی لیکن ان کے کام کرنے کے انداز میں فرق نہ آیا۔ ایک ہاتھ میں قلم اور دوسرے ہاتھ میں گرم پانی کی بوتل تھامے وہ پڑھائی لکھائی میں مشغول رہتے ایسے میں اطلاع ملتی کہ کچھ لوگ ملنے آئے ہیں تو فوراً ان سے ملنے چلے جاتے۔ کبھی شاہد صدیقی، مخدوم محی الدین، سلیمان اریب، کبھی سردار جعفری اور کیفی اعظمی آجاتے اور شعروشاعری کی پُر لطف محفل جم جاتی بس قاضی صاحب کا بخار نارمل ہوجاتا اور طبیعت بحال ہوجاتی۔ قاضی صاحب کو جگر کا کینسر تھا۔ عزیز واقارب کے کہنے پر انھوں نے آپریشن کروالیا۔ شگفتہ مزاجی کا یہ حال تھا کہ آپریشن کے لیے لے جانے کو اسٹریچر آیا تو ہنس کر بولے ''لیجیے ہماری سواری آگئی آپریشن ناکام رہا کچھ دن ٹھیک رہے۔ ۱۷رجنوری ۱۹۵۶ء کو ان کا انتقال ہوگیا۔ اس زمانے میں وہ علی گڑھ میں رہتے تھے۔ ان کی تدفین وہیں یونیورسٹی کے قبرستان میں ہوئی۔

قاضی عبدالغفار کے سماجی شعور نے انہیں یہ محسوس کرنے کی طرف راغب کیا کہ سماج میں پھیلی ابتری کو ادب میں وضاحت سے نہ صرف پیش کیا جائے بلکہ اس کو سدھارنے کی جدوجہد کی جائے کیوں کہ ادب کو ہم کسی مخصوص دور کے انتشار کی وجوہات کے اظہار کا اور صورت حال میں تبدیلی کا ذریعہ مانتے ہیں۔ یہ ادبی عکاسی ہی سمجھدار قاری کو حالات بہتر بنانے پر اکساتی ہے۔ ادب وشاعر کے ذہنی، جذباتی نقش ونگار اس کی تحریروں میں نمایاں دکھائی دیتے ہیں۔ بقول ڈاکٹر عبدالغنی ''قاضی عبدالغفار کی ادبی حیثیت کا تعین کرنے کے لیے یہ کہنا کافی ہوگا کہ ادب کی وہ تحریک جو ان کے دور میں چلی اس کے اندر اگر کوئی فکری مواد ہے اور اس کا کوئی انسانی سماج کے لیے ہوسکتا ہے تو وہ بیش تر قاضی عبدالغفار ہی کی انشاپردازی کا مرہون ہے، اس لیے کہ قاضی صاحب کے انشائیے من کی موج کی طرح بے راہ یا بے سمت وجہت نہیں بلکہ ان کا ایک سنجیدہ مقصد اور واضح رُخ ہے جب کہ اظہار و بیان کی وہ ساری لطافتوں اور نفاستیں ان انشائیوں میں موجود ہے جو ادب لطیف نام کی کسی بھی چیز کے لیے سرمایہ افتخار ہوسکتی ہیں'' بہرحال ہم یقین سے کہہ سکتے کہ قاضی عبدالغفار کی تحریریں دل نشین اور خیال انگیز اظہار پر مبنی ہیں ساتھ ہی ان میں شگفتگی، کشادہ دلی اور روشن خیالی کا امتزاج پایا جاتا ہے۔

OOO

دائرہ احساس میں احساس

خاکہ ________________________ غضنفر

''آدمی نامہ'' والے مجتبیٰ حسین جس آدمی پر نوکِ قلم گڑو دیتے ہیں پھر اس میں بچتا ہی کیا ہے کہ کسی اور کے منقارِ خامہ کے کچھ منہہ لگے پھر بھی مجھے کچھ نہ کچھ تو حاصل کرنا ہی ہوگا کہ میرے خامے کو بھی زندہ رہنا ہے اور اپنی اس دوستی کو بھی زندہ رکھنا ہے جو ایک حیدرآبادی بیگ کے ساتھ جوانی کے دنوں سے چلی آرہی ہے۔ یا اسے یوں کہوں کہ جس بیگ کو مجتبیٰ حسین نے اوپر سے نیچے تک خوش رنگیوں سے رنگ دیا ہوا اور جس کے گلے میں خوش، خوش، یعنی خوش شکل، خوش جمال، خوش مزاج، خوش پوشاک، خوش اخلاق، خوش اثار، خوش سلیقہ، خوش ذوق، خوش دل وغیرہ کی مالا پنہادی ہو اس میں کسی اور ''خوش'' کا اضافہ کرنا آسان نہیں لیکن یہ مشکل کام تو کرنا ہی پڑے گا کہ یہ میرے احساس کا امتحان ہے اور اس احساس کا بھی جسے مجھے اپنے احساس کے دائرے میں لانا ہے اور یہ دکھانا بھی ہے کہ بعض شخصیتیں ایسی پرت دار ہوتی ہیں کہ تمام پردے ہٹا دینے کے بعد بھی کچھ پرتیں باقی رہ جاتی ہیں اور نگاہ خامہ ءخوردبیں سے بھی کچھ نہ کچھ بچا رہ جاتا ہے۔

جس بیگ کا ذکر یہاں مقصود ہے اس سے میری پہلی ملاقات تقریباً چالیس بیالیس برس پہلے طارق چھتاری کے گھر پر ہوئی تھی یہ ان دنوں کی بات ہے جن دنوں وہ نیا نیا ریسرچ اسکالر بنا تھا اور ایک نئے نویلے عاشق کی مانند خوب سج دھج کر بڑے جوش وخروش کے ساتھ اپنے موضوعِ محبوب ''کرشن چندر کی حیات و کائنات'' کے خط وخال اور رنگ وروپ کی دیدار کے لیے وہاں تک آدھمکا تھا جہاں مخزنِ معلومات کے علاوہ اس کے تحقیقی محبوب کے معشوق کا مسکن بھی موجود تھا اور جس کے در سے کچھ ایسے اشارات ونشانات پا جانے کے امکانات تھے جن سے تحقیق میں جان اور محقق میں ہیجانی شان پڑ جایا کرتی ہے مگر یہ تو ایک ضمنی بات ہوئی۔ اصل بات تو یہ ہے کہ وہ بیگ خوب رو، طارق چھتاری کے پہلو میں بھی اپنے ہونے کا احساس دلا رہا تھا اور ہماری آنکھوں کو حیرت واستعجاب میں ڈال رہا تھا۔ اسے دیکھ کر یہ احساس بھی ہوا کہ ساؤتھ میں صرف سورج ہی سوا نیزے پر نہیں رہتا بلکہ چاند بھی سوا نیزے سے اپنی چاندنی لٹاتا ہے اور چاند اپنی چاندنی لٹانے میں صنفِ نازک اور صنفِ سخت کے درمیان کوئی امتیاز نہیں برتتا۔ اس دن دل میں پہلی بار جانبِ جنوب جانے کی تمنا جاگی تھی۔ اور اس جاگنے کی جگمگاہٹ کے دوران ذہن میں یہ خیال بھی کوندا اٹھا کہ بیگ کا جب یہ رنگ ہے تو اس بیگ کی قبیل والی بیگموں کے رنگ ونور کا کیا عالم ہوگا مگر اس بیگ کے متعلق اس طرح کی بات تو مجتبیٰ حسین بھی کہہ چکے ہیں، پھر میں یہ بات کیوں کہہ رہا ہوں کہ کہیں اس لیے تو نہیں کہ ان لوگوں پر بھی اس حقیقت کا انکشاف ہو جائے کہ جس جانب ہم سیاہ عینکوں سے دیکھتے ہیں اس سمت بھی چاند اپنی چاندنی چھڑکتا ہے اور اُدھر بھی نہایت تب وتاب کے ساتھ دودھیا منظروں کا بُراقی رنگ جھلکتا ہے۔

طارق چھتاری کے گھر پر ہوئی ملاقات کے دوران مجھ پر یہ راز بھی منکشف ہوا کہ یہ وہی صاحب ہیں جو دیارِ دکن میں بیٹھ کر بیگ احساس کے نام سے دور دراز کے شمالی خطوں میں بھی اپنا افسانوی سکّہ چلاتے رہتے ہیں۔

اس ملاقات کے بعد بیگ احساس سے ملنے کا اتفاق کئی سالوں بعد ہوا۔ میں اپنے مرکز اردو ٹیچنگ اینڈ ریسرچ سنٹر لکھنو کے ایک تدریسی پروگرام کے سلسلے میں حیدرآباد گیا تھا۔ اس پروگرام کے آغاز سے لے کر اختتام تک کے انتظامات میں بیگ احساس نے کلیدی کردار ادا

کیا۔انتظامی تعاون کے ساتھ ساتھ بیگ احساس نے مجھے وہ کچھ بھی دیا جس سے دیارِ غیر میں احساسِ بے گانگی کے کرب سے بچا اور اپنے پن کے احساس سے سرشار ہوا جاتا ہے۔اس نے میرے اعزاز میں شان دار معیاری ادبی محفلیں سجائیں۔ میری شان میں نثری قصیدے پڑھے۔میرے ادبی قد کے بکھان میں زمین وآسمان کے قلابے ملائے۔۔حیدرآباد کے ادبی ستاروں اور تخلیقی ماہ پاروں سے ملوایا۔اس تہذیبی شہر اور اس کے گردو نواح میں واقع تاریخی مقامات کی سیر کرائی جہاں جا کر آنکھوں کو نور، دل کو سرور اور دماغ کو غرور حاصل ہوتا ہے۔دیدوں میں مسرتیں اور پتلیوں میں حیرتیں بھر جاتی ہیں۔ایسی حیرتیں جو تخئیل کو ایڑ لگاتی ہیں، ذہن کو بلند پروازیاں سکھاتی ہیں اور تخلیقیت کو عالمِ کشف میں پہنچا دیتی ہیں۔ بیگ احساس نے صرف سامانِ تسکینِ دل ودماغ ہی کا انتظام نہیں کیا بلکہ لذتِ کام و دہن اور سیریِ شکم کے لیے پر تکلف دعوتوں کا اہتمام بھی کیا اور ان دعوتوں کے دستر خوان پر جہاں اس نے نوابی شہر کے رئیسی ذائقوں سے متعارف کرایا جن کے مزوں کا چٹخارہ آج تک میری زبان نہیں بھول پائی، وہیں مجھے ایک رام پیاری سے بھی ملوایا جس سے مل کر نہ صرف یہ کہ میرے ہونٹوں پر سرخ رنگ چڑھا بلکہ میرے منہہ میں رس بھی گھلا اور میری سانسوں میں خوشبو بھی بسی۔ نیز ہرے پتوں کے لمس سے دل و دماغ کو ایسا سرور حاصل ہوا کہ زرد نشیلے پتوں کا نشہ بھی پھیکا پڑ گیا۔اس کیف وسرور میں رام پیاری کا وصفِ خاص تو گھلا ملا تھا ہی ،ایک پیارے کا خلوص اور پیار بھی شامل ہو گیا تھا جس نے اُسے دوآتشہ بنا دیا تھا۔ بیگ احساس کے انداز میں میں نے وہی جذبہ، وہی جوش وخروش، وہی خلوص اور وہی پیار محسوس کیا تھا جس کا مظاہر میں نے اپنی نئی نویلی بیوی کو پہلی بار پان پیش کرنے میں کیا تھا۔ بظاہر ہے تو یہ ایک عام سا واقعہ مگر انسانی رشتوں اور محبت کے میزان پر تو لیے تو یہ گراں قدر واقعہ بن جاتا ہے اور اس کا وزن، وزنِ خاص ہو جاتا ہے۔

حیدرآباد میں بیگ احساس کی بدولت کئی اور ایسے تجربات بھی میرے سامنے آئے جو میری زندگی کے ناگزیر حصہ بن گئے۔انھیں میں سے بوٹ پر ہونے والا برقعوں کا وہ رقص بھی ہے جو حسین ساگر میں دیکھنے کو ملا تھا۔ہم لوگ اپنی باری کا انتظار کر رہے تھے کہ اچانک تیراکی کے لیے تیار کھڑی بوٹ میں کوئی فلمی دھن بجی اور اس دھن پر سیاہ برقعے لہرانے لگے۔جیسے بندھے ہوئے جسموں کا شکنجہ ایک دم سے الگ ہو گیا ہو اور رہائی پا کر جسم مستی میں جھوم اُٹھے ہوں یا جیسے جکڑے ہوئے جسموں میں بھونچال آ گیا ہو اور ایک لخت ساری بیڑیاں ٹوٹ گئیں ہوں۔سیاہ برقوں کے اس رقص نے جہاں لطف وانبساط اور حیرت واستعجاب کا منظر پیش کیا تھا وہیں معاشرتی دباؤ اور زورِ بشریت کے شوروشر کو بھی اُبھار دیا تھا۔یہ ایسا منظر تھا کہ جس نے میری تفریح کو تخلیقی کرب میں بدل دیا تھا اور جو بہت دنوں تک میری تحریروں کا محرک بنتا رہا تھا۔

اس طرح کا دوسرا تجربہ شعروحکمت کے دفتر میں ہوا تھا۔ایک دن بیگ احساس نے ایک پروفیسر صاحب سے میرا تعارف کرایا مگر ہلو ہائے کے علاوہ ہم دونوں کے ہونٹوں سے کوئی اور لفظ نہ نکل سکا۔دفتر سے باہر نکلے تو بیگ احساس نے پوچھا۔

''کیا بات ہے آپ دونوں ایک دوسرے سے مل کر خاموش رہے؟ کوئی ناراضگی یا کوئی اور وجہ؟''

''وجہ کوئی نہیں۔بات بس اتنی سی ہے کہ وہ صاحب شاید کچھ لکھتے نہیں ہیں اس لیے میں انھیں نہیں جانتا اور غالباً وہ کچھ پڑھتے بھی نہیں اس لیے وہ مجھے نہیں جانتے''۔میرا جواب سن کر بیگ احساس کے ہونٹوں سے قہقہہ پھوٹ پڑا۔

''اس چھوٹی سی بات پر اتنی لمبی ہنسی؟ ایسا کیوں، جب میں نے بیگ احساس سے یہ سوال کیا تو ان کا جواب تھا

''اس ہنسی کے محرک ہیں تمھارے یہ دولفظ''شاید''اور''غالباً''جنھوں نے ایک کھلی ہوئی حقیقت کو DoubtofBenifit دے دیا

ہے۔غضنفر! سچی بات تو یہ ہے کہ یہ حضرت اپنی تنخواہ کی رقم پڑھنے اور رجسٹر پر دستخط کرنے کے سوا اور کچھ نہیں لکھتے پڑھتے۔اس کے باوجود ان کا مرتبہ ایسا ہے کہ یہ اپنے جیسے درجنوں عالموں کو پروفیسر کی گدّی پر بٹھا چکے ہیں اور کتنے ہی پڑھے لکھوں کو اپنے دستخط کے تلوار سے کاٹ کر کوڑے دان میں پھینک چکے ہیں۔ یہ واقعہ مجھے اس لیے سنانا پڑ رہا ہے کہ ہمارے احساس کو یہ پتہ چل سکے کہ ہم نے اپنی زبان کی قسمت کن ہاتھوں میں سونپ دی ہے۔

بیگ احساس سے اس ملاقات کے بعد بھی حیدر آباد میں کئی اور ملاقاتیں ہوئیں مگر میری ہر ملاقات مجھے تازہ محسوس ہوئی۔ بیگ احساس کو نہ میں کبھی باسی لگا اور نہ ہی میں انھیں کبھی فرسودہ محسوس ہوا۔ ہر دفعہ وہ اسی تپاک، اسی خلوص اور اسی جوش سے ملے جس طرح کوئی پہلی بار اپنے کسی عزیز اور من پسند دوست سے ملتا ہے۔ ہر بار ان کی موٹر مجھے لیے لیے حیدر آباد کی سڑکوں، گلی کوچوں، بازاروں محلّوں اور دور دراز کے علاقوں میں پھرتی رہی۔ میرے لیے وہ پرتکلف دعوتوں کا اہتمام کرتے اور کراتے رہے اور جو نعمتیں پچھلے سفر میں دسترخوان پر آنے سے رہ گئی تھیں، انھیں بھی سجاتے رہے۔تہذیب و تاریخ اور ادب، فنون کے اس شہر کے نئے نئے گوشوں میں گھماتے رہے، نئے نیل چہروں سے ملواتے رہے۔ یہاں کے نئے نئے جلوے دکھاتے رہے اور میرے دل میں نئے نئے احساسات و جذبات جگاتے رہے۔

ان سب کا ذکر میں اس لیے کر رہا ہوں کہ ان سب کے اہتمام و انتظام میں وقت تو صرف ہوتا ہی ہے، جیبیں بھی خالی ہوتی ہیں۔ وہ وقت صرف ہوتا ہے جس کے پل پل کی قیمت ہوتی ہے اور حیدر آباد جیسے بڑے شہروں میں تو اس وقت کا ایک ایک لمحہ بیش قیمت بھی ہو جاتا ہے اور وہ جیبیں خالی ہوتی ہیں جنھیں بھرنے کے لیے ہمارا جسم، دل اور دماغ تو خالی ہوتا ہی ہے اکثر ہمیں اپنے دین و ایمان کو بھی خالی کرنا پڑتا ہے اور اس مادّہ پرستی کے دور میں جبکہ کسی کی دلدوز چیخ سن کر بھی کوئی سکہ ان جیبوں سے باہر نہیں آ پاتا، انھیں کسی کے لیے یوں خالی کر دینا وہ بھی بنا کسی غرض کے کوئی آسان کام نہیں مگر یہ مشکل کام بیگ احساس کرتے ہیں اور بار بار کرتے ہیں۔ میری نظر میں بیگ احساس کی شخصیت کا یہ بھی ایک ''خوش'' ہے جسے خوش رنگیوں سے گندھی مجتبٰی حسین کی مالا میں شامل ہو جانا چاہیے۔

ان ملاقاتوں کے دوران اس خوش خصال اور خوش جمال بیگ احساس کے کئی بیگی یعنی جلالی جوہروں کو بھی دیکھنے کا اتفاق ہوا۔

ادیب و فن کار خصوصاً زبان و ادب کے شعبوں سے جڑے ہوئے ادیب مختلف طرح کی مصلحتوں اور دور اندیشوں کے شکار ہوتے ہیں اور وہ مصلحتیں اور دور اندیشیاں انھیں ایسا بزدل اور دبّو بنا دیتی ہیں کہ دوسروں کی بے جا زیادتیوں اور ریشہ دوانیوں کے باوجود اپنا منہ اور قلم دونوں بند رکھتے ہیں مگر بیگ احساس ان سب سے مستثنیٰ نظر آتے ہیں۔ اس کا بڑا ثبوت تو ان کا یہ تحریری بیان ہے جو جید اور جغادری قسم کے نقادوں کے بھرے مجمعے میں بہ بانگِ دہل پڑھا گیا:

''دراصل ہمارے بعض نقاد بوڑھے ہو چکے ہیں، ان کا ذہن مشروط ہے اور وہ نیا ادب پڑھنا نہیں چاہتے۔اس لیے تنقید لکھنے کی ذمّے داری بھی فن کاروں نے قبول کر لی ہے چاہے وہ انگریزی کے بڑے بڑے کوٹیشن نہ دیتے ہوں۔ جناتی زبان لکھنے پر قادر نہ ہوں لیکن اپنے دور کے افسانے کی تحسین اور اس کا تجزیاتی مطالعہ پیش کرنے کا شعور تو رکھتے ہیں۔عرصہ پہلے ادیب کے موت کا اعلان کیا گیا تھا، اب وقت آ گیا ہے کہ نقاد کی موت کا اعلان کر دیا جائے۔''

یہ بیان ایسا ہے کہ اس پر ایک عالم کو برافروختہ ہو جانا چاہیے تھا اور ایک عالم اس پر چراغ پا ہوا بھی اور اس کے لیے بعض حلقوں کی

جانب سے کافی لعن طعن بھی ہوا۔ ممکن ہے انھیں اس کے ردِ عمل میں کئی طرح کے نقصانات بھی اٹھانے پڑے ہوں مگر بیگ احساس کو اسکی ذرا بھی پرواہ نہیں۔ اگر پرواہ ہوتی تو وہ اپنی اس شعلہ بیانی کو اِدھر اُدھر کی محفلوں میں اور سب رس کے اداریوں میں جاری نہیں رکھتے۔ نوکِ قلم میں تلوار کی دھار پیدا کرنے اور اپنے اس شمشیر خامہ کو بے محابہ چلانے کے عمل میں بیگ احساس کے نام کے دونوں جزو کی معنویت صاف صاف دکھائی دیتی ہے۔ ان کا احساس تو کمانیں تانتا ہی ہے بیگ بھی تیر چھوڑنے سے ذرا بھی نہیں ہچکتا۔

دوسرا بیگی یعنی جلالی جوہر ان کی اعلیٰ ظرفی اور ضبطِ نفسی کی صورتوں میں اپنا جلوہ دکھاتا ہے۔ یہ جوہر ویسے تو ان کے معاملاتِ دل، کاروبارِ دنیا، منصب مدیر، ان کی تحریر، تقریر، سب میں دیکھنے کو ملتا ہے مگر محفلِ کیف و سرور میں اس کی تب و تاب ایسی نظر نواز ہوتی ہے کہ دیکھنے والوں کی آنکھیں چوندھیا جاتی ہیں۔

بیگ احساس کو میں ایک نقاد سمجھتا تھا۔ نقاد جو ایک ایک نکتے پر نظر رکھتا ہے۔ ایک ایک نقطے کے مقام کو سمجھتا ہے۔ جو ہر لمحہ چوکس اور چوکنا رہتا ہے جو اپنا کام مستعدی سے کرتا ہے جو ہر جگہ اور ہر معاملے میں ہشیاری سے کام لیتا ہے، جو کبھی غافل نہیں ہوتا مگر حیدرآباد کے ایک سفر کے دوران میری اس سمجھ کو دھکا پہنچا مگر یہ دھکا مجھے کافی اچھا بھی محسوس ہوا۔ ہوا یہ کہ انھیں دنوں گوپی چند نارنگ کسی ادبی تقریب میں شرکت کے لیے ہوائی جہاز سے حیدرآباد آ رہے تھے اور بیگ احساس کو انھیں رسیو کرنے ایئرپورٹ جانا تھا۔ چوں کہ اس وقت میں بھی ان کے پاس تھا اس لیے انھوں نے مجھے بھی اپنے ساتھ لے لیا۔ ہم لوگ ایئرپورٹ پہنچ کر گیٹ کے پاس کھڑے ہوگئے۔ جہاز کی لینڈنگ کے کافی دیر بعد بھی جب نارنگ صاحب باہر نہیں نکلے تو ہمیں تشویش ہوئی۔ بیگ احساس نے فون ملا کر پوچھا کہ ا؟پ کہاں ہیں، ہم لوگ کافی دیر سے گیٹ کے باہر کھڑے ہیں تو نارنگ صاحب کا جواب آیا کہ وہ باہر نکل آئے ہیں اور گیٹ پر ہمارا انتظار کر رہے ہیں، مگر ہم لوگ انھیں کہیں دکھائی نہیں پڑ رہے ہیں۔ بیگ احساس نے اس پر حیرت کا اظہار کرتے ہوئے پھر کہا کہ یہ کیسے ہوسکتا ہے ہم تو بالکل گیٹ کے پاس ہی کھڑے ہیں۔ اس پر نارنگ صاحب نے جو جواب دیا اسے سن کر بیگ احساس ہڑبڑا سے گئے، نارنگ صاحب کا جواب یہ تھا کہ کہیں آپ لوگ Departure پر تو نہیں کھڑے ہیں؟ جواب پر ہم دونوں کی نگاہیں اوپر اٹھ گئیں۔ گیٹ کے اوپر بڑے بڑے حروف میں واقعی Departure لکھا ہوا تھا۔

بیگ احساس اپنی اس بھول پر خاصے پشیماں تھے اور اپنی فنکارانہ خصلت پر جز بز ہو رہے تھے مگر مجھے ان کا یہ روپ اچھا لگ رہا تھا کہ اس روپ نے انھیں میرے اور قریب کر دیا تھا۔

عام طور پر اردو کے ادیب اپنے ادبی اور تدریسی سفر میں کسی شاگرد یا شاگردہ کو اپنے ساتھ لے جاتے ہیں یا تنہا جاتے ہیں مگر پروفیسر بیگ احساس کا اندازِ سفر مختلف ہوتا ہے، وہ نہ تو کسی شاگرد یا شاگردہ کو لے جاتے ہیں اور نہ ہی تنہا نکلتے ہیں۔ ان کے ہر سفر پر ان کے ساتھ ان کی بیگم صائمہ بیگ ہوتی ہیں۔ صائمہ بیگ کو بیگ احساس اس طرح گھماتے ہیں جیسے کہ وہ ان کی نگرانی میں تازہ تازہ آئی ہوئی کوئی ریسرچ اسکالر ہو۔ اس میں صائمہ بیگ کو کریڈٹ تو جاتا ہی ہے کہ انھوں نے بنا ادب لکھے پڑھے اپنے آپ کو اس عمر میں بھی ایک ایسا تر و تازہ اسکالر بنا رکھا ہے کہ ان کے بغیر شوہر ایک قدم بھی گھر سے باہر نہیں نکالتا۔ ساتھ ہی تھوڑا کریڈٹ بیگ احساس کو بھی جاتا ہے کہ ایسے زمانے میں جبکہ شوہر بیبیوں کو دور رکھنے یا ان سے دور رہنے کی تدبیریں کیا کرتے ہیں وہ نہ صرف یہ کہ بیوی پر اکتفا کرتے ہیں بلکہ خوشی خوشی اسے یہاں وہاں لیے لیے بھی پھرتے ہیں۔ اس عمل میں ان کی شرافت اور نیک نیتی کا دخل تو ہے ہی ان کے اس چراغِ محبت کی کارفرمائی بھی ہے کہ جس میں ایسا روغن ڈالا گیا ہے کہ

جس نے آج بھی اسے آب وتاب کے ساتھ جلائے رکھا ہے۔بعض لوگوں کو شبہ یہ ہے کہ صائمہ کا بیگ احساس کا اسکالر بننے میں ان کے رنگ وروپ سے زیادہ ان کے اندازِ مخاطب اورلب و لہجے کا دخل ہے۔لیکن مجھے ایسا نہیں لگتا۔اگر ایسا ہوتا تو دوسرے ادیبوں کی بیویاں بھی وہی انداز اختیار کر لیتیں اوروہ بھی ''میں بولتی ہوں کی جگہ بولتا ہوں'' بولنے لگتیں۔سبب خواہ بیگ احساس کی شرافت اور محبت ہو یا صائمہ بیگ کے رنگ وروپ کی نزاکت یا ان کے لب و لہجے کی دبازت مگر یہ تو ہوتا ہی ہے کہ صائمہ کی موجودگی میں بیگ احساس کا علمی وتدریسی سفر بھی خاصا ہنی مونی ہو جاتا ہے۔

ویسے تو بیگ احساس کی بہت سی باتیں اچھی لگتی ہیں۔ان کے بہت سے جملے دل کو چھوتے ہیں۔ان کے بہت سے لفظ دماغ کے تاروں کو چھیڑتے ہیں اور رگوں میں مسرت کی لہریں دوڑاتے ہیں مگر سب سے زیادہ لطف ان کے منہ سے نکلے لفظ ''ہاں'' سے ملتا ہے۔ٹیلی فون پر جب وہ 'ہاں' کہتے ہیں اور اس 'ہاں' کی جب تکرار سنائی دیتی ہے تو لگتا ہے کہ جیسے گیت کا کوئی مکھڑا سنگیت کے سر تال کے ساتھ ریپیٹ ہو رہا ہو یا جیسے کسی مترنم بحر میں لکھی ہوئی کسی نظم کے ٹیپ کا کوئی بند بار بار بلند ہو رہا ہو۔اس طرح کی 'ہاں' اسی وقت نکل سکتی ہے جب کسی کو سنتے وقت کوئی اپنے کان کے علاوہ اپنا دل بھی ٹیلی فون کے چونگے سے لگا دے اور بولنے والے کی ایک ایک بات کا اعتراف دل کی گہرائیوں سے کرتا جائے۔واقعی ان کی اس 'ہاں' سے ایسا محسوس ہوتا ہے کہ بات کرنے والے کی ''نا'' بھی انھیں منظور ہے۔یہ بھی ان کی شخصیت کا ایک خوش ہے اور یہ ایسا خوش ہے کہ جسے سن کر نا خوش بھی خوش ہو جائے۔مقدور بھر میرے خامے نے بیگ احساس کو ٹٹولنے کی کوشش کی اور ان کی 'خوبصورت شخصیت کے کچھ ایسے خوش پہلو بھی تلاش کیے کہ اگر انھیں مجتبیٰ حسین کی بنائی ہوئی خوش رنگیوں کی مالا میں شامل کر دیا جائے تو بیگ احساس اور بھی خوش رنگ دکھائی دے سکتے ہیں۔یہ ''خوش'' اگر آپ کو بھی خوش کن لگتے ہیں تو میرے خامے کو داد دیجیے،نہیں تو مجتبیٰ حسین کے قلم کو ایک بار پھر سے چوم لیجیے۔

ooo

اسلم عمادی

وقار خلیل۔ دکن کے ایک ناقابل فراموش شاعر و ادیب

۲؍نومبر ۱۹۹۸ء اردو دنیا کے لیے ایک نقصان دہ دن ثابت ہوا۔ ایک اردو سپاہی راہی ملک عدم ہوا۔ وقارؔ خلیل کے اِنتقال سے اُردو کا جو نقصان ہوا وہ اپنی جگہ ہے میرا تو اکتیس برسوں سے ساتھ ساتھ چلنے والا ایک بزرگ دوست پردۂ اجل میں جا چھپا۔ اناللہ وانا الیہ راجعون۔

میرے اَحباب جانتے ہیں کہ جب بھی میں حیدرآباد میں رہا اتوار کا دن عموماً ایوانِ اُردو میں وقارؔ صاحب کے ہم راہ رہا۔ وہاں کتابیں تو کم دیکھیں، ان کے ساتھ ادبی گپ شپ زیادہ کی۔ وہیں حیدرآباد بلکہ دکن کے معروف اور مستند اَدیبوں سے ملاقات بھی ہوئی۔ جہاں اُن میں مغنی تبسم، طیب اَنصاری، اکبرالدین صدیقی، منظور احمد، صلاح الدین نیر جیسے سینئر اَدیب ملے وہیں ہم عصروں میں رحمٰن جامیؔ، رؤف خیرؔ، قطب سرشارؔ، غیاث متینؔ، اِسحٰق ملک، شمیم نصرتی، محمد علی اثرؔ، مومن خاں شوقؔ اور ایسے ہی کئی اَہم ناموں سے بھی ملاقات ہوئی۔ کبھی کبھی کلام بھی پڑھے اور سنے گئے، کبھی کبھی رواروی کی شناسائی بھی ہوئی۔ ۱۹۸۱ء سے میں زیادہ تر ہندوستان سے باہر رہا اور ہر اِتوار کو اس موقع سے محرومی محسوس کرتا رہا ہوں۔ اَب جب کہ وقارؔ صاحب نہیں رہے تو میں نہیں جانتا کہ اَب حیدرآباد میں اِتوار کس طرح گزرے گا۔

وقارؔ صاحب سے میری ملاقات ۱۹۶۷ء میں ہوئی جب کہ ''سب رس'' کا غالب نمبر شائع ہونے والا تھا۔ وقارؔ صاحب نے میری غزل ''پائے نئے نکات پرانی کتاب میں'' کو پسند فرمایا اور اس رسالہ میں شائع کرنے کے لیے یہ غزل اکبرالدین صدیقی صاحب کو دی۔ اس ملاقات میں وقار صاحب نے مجھ سے میری بیاض مانگ کر دیکھی، چونک پڑے اور کہنے لگے کہ اتنا اَچھا معیاری کلام ہے آپ اِسے رسائل میں کیوں نہیں بھیجتے۔ اِشاعت بھی تحریر کی طرح اہم ہے اور اس طرح اُن کی خواہش پر میں اُردو رسائل کی دنیا میں داخل ہوا۔ اس سے پہلے حیدرآباد کے اَخبارات یا اِکے دُکے رسائل میں میرا کلام آیا تھا۔ یہاں پر یہ بھی وضاحت کردوں کہ وقارؔ صاحب نے کبھی میرے کلام پر تصحیح وغیرہ نہیں کی، نہ ہی رائے دی۔ وہ میرے ایک معزز اَدب دوست رفیق تھے۔

وقارؔ صاحب دبستانِ زورؔ کے پروردہ اَدیب تھے، زبان بیان اور تحریر کے ان اسرار سے واقف تھے جو کسی ادیب کو دوسرے ادیبوں سے ممیز کرتے ہیں۔ ان کا اسلوب ان کا اپنا منتخب شدہ تھا۔ وقار صاحب کو حیدرآباد کے صاحب طرز شاعر خورشید احمد جامیؔ کی شاگردی کا فیض بھی حاصل رہا۔ وقار صاحب زود گو بھی تھے اور بیش فکر بھی۔ انھوں نے ایسی نئی شاعری کی کہ جو انتخابوں میں بھی شریک رہی اور ہندو پاک کے تقریباً تمام اہم ادبی رسائل و جرائد میں شائع ہوئی۔ ان کی قومی شاعری سرکاری رسائل، ریڈیو اور برموقع تقریبات میں پڑھی اور سنی گئی۔ ان کے بچوں کے لیے لکھی ہوئی نظمیں اور نثر پیام تعلیم سے لے کر مقامی رسائل تک سب میں مقام پاتی رہیں۔ اس کے علاوہ مقصدی نظمیں، نعت و منقبت، مضامین و تبصرے اور بہت کچھ اُنھوں نے اپنے نام سے اور کبھی ابن نامی کے قلمی نام سے شائع کروائیں۔ اس کے علاوہ کئی رسائل، اخبارات اور ہفتہ وار

جرائد کی ترتیب وتزئین میں اہم کردار ادا کیا۔ گھر آنگن، مزاج کی نظمیں، بصری علامتوں کے اژدہام والی غزلیں بھی لکھیں لیکن ان کے فن پر داخلی فکر کا عنصر اور ترقی پسند تحریک سے ہم آہنگی ہمیشہ اہم رہے۔ ان کا کلام ایک ایسے شاعر کے افکار کا منظر نامہ ہے جس کا نقطۂ نظر واضح ہے اور جس کی فکری جہات مثبت اقدار کی تنبیت اور تحفظ، وطن دوستی، حق گوئی و بیباکی، دوست داری، اردو پرستی اور قوم پرستی کے جذبات سے متعلق ہیں۔ اس منظر نامہ میں ایسی ہی بوقلموں حسیت کے مناظر آراستہ ہیں۔

وقار خلیل اپنی نظموں میں ایک خاص اسٹرکچر کا خیال رکھتے تھے۔ اختصار کے لیے حروفِ عطف اور فعل کا محتاط استعمال، آہنگ کا ایک مدھم رو میں تموج، خطابت آمیز لہجہ اختتام پر ایک معنی خیز جملے کا اہتمام یہ کم وبیش ان کی ہر نظم میں ملتے ہیں۔

نعتِ رسولؐ میں دعائیہ انداز ہے جس میں وقار سراپا نیاز مندی وعشق ہیں، جو پُر درد اظہار پر مبنی ہے جو عقیدتاً ایک خاص مکتبِ فکر کا آئینہ دار ہے:

میں قدموں سے لپٹ جاؤں کفِ پا بن کے جی اٹھوں
اگر مل جائے دامن کا سہارا یا رسول اللہ
دکن میں بے زمینی جی رہا ہے آپؐ کا شاعر
کرم کا ایک ادنیٰ سا اشارہ یا رسول اللہ

آج ہندستانی مسلمان جس طرح جنون، بنیاد پرستی اور تفریقی سیاست کے سامنے چراغِ وفا جلائے ہوئے ہے اس کی اب سادہ سی جھلک ''رام کے نام پر'' میں ملتی ہے۔ جس میں زخمی اور بجھے بجھے لہجہ میں شاعر نے ایودھیا پر موجود جامع مسجد کے شہید ہونے پر رنج کا اظہار کیا ہے۔ اس طرح ''شہر جلتا رہا''، ''رام کے نام پر'' بلکہ بیش تر اس قبیل کی نظمیں اس ناقابلِ فہم سیاسی اور فساد وفتنہ کے ماحول پر تبصرہ ہیں۔

وقار کی اظہارِ ذات پر مبنی نظموں میں ان کی ذات کا وہ سادہ و گہرا پہلو سامنے آتا ہے جس میں ماضی سے خلوص ملتا ہے تو مستقبل سے یک گونہ خوش امیدی بھی زندہ ملتی ہے۔ مثلاً:

کیا لوگ تھے، کیا ریت تھی
سب ایک تھے، شیر وشکر

موسم ذرا بدلے تو پھر
یہ رہ گزر گلنار ہو
دل کا نگر آباد ہو

(ایک نظم، ایک دعا)

نشاطِ نو کی الجھن کو سمجھنا ہے
رُتوں نے بادبان کھولے تو ہیں

آگہی نروان پا جائے
ادھر ایسا اگر ہو

(نئے موسم ایک نظم)

جدید تر صنعتی دور میں جس طرح اقدار سے ہٹ کر انسان کا زاویۂ عمل محنت کشی پر مرکوز ہوکر رہ گیا ہے، اس سے انسان ایک طرح سے ضرورتِ زندگی کے استعمال اور حاجات کی پابجائی کے لیے سرمایہ کار کے سامنے ایک کار پرداز مشین میں تبدیل ہوکر رہ گیا جو اپنی محنت، تگ ودو اور ذہانت کو کبھی بھاؤ تاؤ کر کے، کبھی ہتھیار ڈال کر ایک معینہ بلکہ کبھی کبھی غیر معینہ مدت کے لیے رہن رکھ دیتا ہے۔ ایسا سماج اقدار، داخلی واردات اور اصول و براہین کو اپنی راہ میں تضیعِ اوقات سمجھتا ہے اور مجہول رویہ گردانتا ہے۔ اس تلخ اور مصروف ومشغول لیل ونہار میں شاعر بجا طور پر محسوس کرتا ہے کہ:

دن بہ ہر حال ہر دن کی مانند گزر ا گیا
مضمحل، مشتعل، گہہ خراماں، رواں
آخرش رات کی گود میں آ گرا

جز رومد، اس کے سینے پہ چادر مچلنے لگی
بند کھڑ کی ہوا سے کھلی
صبح صادق کے ہنگام میں نیند آنے لگی
سچ ہے، اللہ بہت ہی بڑا ہے !!

(رات سے صبح تک)

وطن میں بے وطنی، پھر بھی گھر سے نسبت ہے
عجیب بات ہے کس چشمِ تر سے نسبت ہے

آدمیت ابھی فٹ پاتھ پہ خوابیدہ ہے
اس کو محفل میں نہیں چارہ گروں میں ڈھونڈو

تہذیب اور روایتیں قدریں کہ نظریات
ان سب سے بے نیاز بھی ہو کر جیا کرو

ایک سب سے زیادہ اور واضح موضوع جو وقار کی شاعری میں ملتا ہے اور جو شاید کسی نئے شاعر کے کلام میں اس طرح متواتر اور جلی طور پر نہیں ملتا۔ وہ ہے اردو شاعر کا کرب۔ وقار خلیل نے اردو ادیب و شاعر، اردو زبان اور فن و فن کار، تینوں ہی اہم عنوانات کے تناظر میں اس دور میں جو مسائل شاعر یا فن کار کو لاحق ہیں، ان کی بڑی کھری زبان میں تصویر کشی کی ہے۔

آج جس طرح اردو موقع پرستی، سیاسی شعبہ بازی اور سرمایہ داروں کی تفریحِ طبع کے لیے ایک کھلواڑ بن کر رہ گئی ہے۔ وہ کسی بھی حساس ادیب کے لیے قابلِ برداشت نہیں۔ چند اخبارات اور رسائل کے مالکین، چند نام نہاد اردو دوستوں اور چند مصلحت پرست غیر اردو داں اصحاب کے رحم و کرم پر جس طرح اردو ادیب بالکل مسکین اور مجبور ہو کر رہ گیا ہے، وہ دورِ حاضر کے اردو دوست کے لیے ایک لمحہ فکر ہے۔

وقار نے اس موضوع کے مختلف رنگ اپنی شاعری میں دکھائے ہیں:

اردو میں خط لکھو نہ کتابیں پڑھا کرو
جب بھی مشاعرہ ہو ٹکٹ لے لیا کرو
محنت اور محنت کا ہنریاں عیب ٹھہرا ہے
بہت کچھ سہہ رہے ہیں ہم
بہت کچھ سہہ لیا ہم نے
قلم لکھے تو کیا لکھے۔۔۔ !

(قلم لکھے تو کیا لکھے)

عجب رونق شہرِ سخن کا عالم ہے
کہ عیب عیب بنامِ ہنر ہے کیا کہیے
بوجھو پہیلیوں پہ پہیلی کہ سر کھپاؤ
اردو کا مسئلہ ہے معمہ بنا ہوا

ہم برے ٹھہرے ہیں اے چشم خرد آج تو کیا؟
کل تک اس شہر کی تہذیب کے گلدستے تھے
تف ہے فقیہہِ شہرِ سیاست پہ اے وقارؔ
اردو کا مسئلہ جو ہے پے چیدہ دیکھنا..... !

وقار کی شاعری زندگی کے حقائق سے کچھ اس طرح منسلک ہے کہ اس میں ایک قسم کا احتجاجی لہجہ در آیا ہے، کہیں دروغِ مصلحت اندیش سے خفگی کا اظہار ہے تو کہیں تشکیلِ عہدِ نو کے لیے حال کے تلخ تجربات کا بے کم و کاست ذکر، سیاست کی

شعبدہ بازی اور فکر و فریب اور اس کے ساتھ دنگا فساد فرقہ واریت یہ سارے ناگفتہ مضامین وقار کی شاعری میں کچھ اس طرح اور اتنے مناسب لب و لہجے میں ملتے ہیں کہ شاعری کے ماحول پر بار ہوتے نہیں۔

اظہارِ ذات کے تناظر میں دیکھیں تو وقار کی شاعری میں سماجیاتی مسائل کا کرب ہے۔

ان کے سارے احساسات فرد کے ہیں گویا وہ مہین سی تفریق جو فرد اور سماج کے درمیان فکر و نظر کی ہے وہ اس مہین اور نازک لکیر پر شاعری کے تار دیوار کو منطبق کرتے ہیں۔ اسی لیے ان کی شاعری کبھی تو فرد کے اظہارِ داخلی کا آئینہ دار لگتی ہے تو کبھی سماج کو درپیش وسیع تر مسائل کا کرب ہے۔

وقار کی شاعری کا واحد متکلم یا فرد ایک دریچہ ہے جو گھر کی بصری، داخلی اور غیر مرئی کیفیات کو ایک تجسیمی علامت بنا کر پیش کرتا ہے۔ اس لیے جہاں پر ''مکان'' یا یوں سمجھیے کہ سماج کا ذکر ہوتا ہے تو وہ بھی اسی رنگ و روغن، اسی شیڈ اور کیفیت میں ملتا ہے جیسے کہ دریچہ یعنی فرد کی ایک توسیع شدہ شکل ہو۔

وقار کی شاعری اس طرح جدید اور جدید تر شعری رویہ کے درمیان اپنا مقام متعین کر لیتی ہے۔ ان کی نظموں اور غزلوں میں ''گھر آنگن'' کی شاعری کی بھی جو مثالیں ہے جن میں شاعر کے خانگی متعلقات کا ذکر ہے، وہ بھی دریچہ ہی کی شکل رکھتی ہے کیوں کہ وہ تفہیم کے عمل سے نکھر کر فرد کے عمومی احساسات کی سمت بڑھتی نظر آتی ہے اور اس طرح خانگی متعلقات احوال زمانہ بن جاتے ہیں۔

وقار کی شاعری کی بوقلمونی ان کی نظموں اور غزلوں کے موضوعات سے ملتی ہے انھوں نے مقصدیت، مواقع کی مناسبت سے شعری اظہار، ہدایت، اظہارِ حال اور نیم رومانی کیفیت ان سب کو اپنی شاعری میں برتا ہے۔ اس کے علاوہ ان کی دکنی زبان میں چند غزلیں بھی اس مجموعہ میں شریک ہیں لیکن اس طرح یہ مجموعہ دولسانی مجموعہ بن گیا۔ میرے خیال میں دکنی زبان اب مستقل زبان ہے اس کی ترویج اور ترقی بھی کرنی ضروری ہے لیکن اردو زبان دکنی زبان دونوں کو علاحدہ اکائیوں کی طرح برتنا چاہیے۔

صداقت کے ساتھ تجرباتِ ذات کا کھرا بے کم و کاست بلکہ بے رنگ و روغن اظہار وقار کا منتخب طرزِ بیان ہے اس طرح بیان سے قاری/ سامع جس طرح متوجہ ہوتا ہے اسی طرح وہ چوکنا بھی ہو جاتا ہے۔ اس طرح کا لب و لہجہ ایک حد تک دکن کی اردو شاعری کے افق پر پس منظر کی طرح سے ہے۔ دکن میں صوفیانہ شاعری کے ماحول نے اکثر شاعروں کو اس جانب راغب کیا کہ وہ پند و نصائح طنز و تنقید واضح زباں میں پیش کریں، اگر ناموں کی فہرست پر غور کریں تو ولی دکنی، سراج اورنگ آبادی سے لے کر صفی اورنگ آبادی، امجد حیدرآبادی بلکہ جدید دور میں سکندر علی وجد کچھ حد تک مخدوم اور ان کے معاصر میں تھی یہ زبان کسی نہ کسی شیڈ اور رنگ میں ملتی ہے۔ وقار خلیل کا معاملہ نہ صرف اس رویہ کی تطویل ہے بلکہ ان کی خاندانی ذہنی تربیت کا بھی نتیجہ ہے وقار جس سوچ رکھ رکھاؤ سلیقہ اور نظام فکر کے نمائندے ہیں وہ تعلیمی تدریسی اور ترویجی عمل کی تہنیت اور نمو سے معنون ہے، ادارۂ ادبیاتِ اردو کا ماحول، زور مرحوم کی قدآور شخصیت کی ہم رکابی دوسرے ادبا اور شعرا سے شب و روز کا واسطہ، کتب و رسائل کا تنقیدی مطالعہ، نئے ذہنوں کی رہبری یہ سب عوامل ان کی ذات کی تار و پود میں رچے بسے ہیں۔ مثبت اقدار ان کا آفاقی مطمحِ نظر ہے اس لیے وہ اپنی شاعری میں خوش امیدی اور خوش نظری کی تاکید کرتے نظر آتے ہیں۔ انھوں نے

بچوں کے لیے بھی بہت سی نظمیں لکھی ہیں اور کچھ نظموں میں ان کے مخاطب بچے، عہدِ نو کے نوجوان، عوام وغیرہ ہیں جو کہ ایسا لگتا ہے کہ شاعر سے پند ونصیحت، امر ونہی اور رہنمائی کے طالب ہیں۔ یہ ساری کیفیات شاعری کو مکالم اور مباحثہ بنا کر پیش کرتی ہیں، یہ شکوہ، یہ غور وفکر، یہ نالہ ونوا وقار کی نظموں دوہوں اور غزلوں سب میں مترشح ہے۔ میرے مندرجہ بالا تجزیہ کی دلیل کے طور پر کچھ مثالیں پیش ہیں:

جاگتے بھی رہو، سوچتے بھی رہو
دکن کا افق ملگجا ہو نہ پائے
کہ شیرازہ ملک وملت نہ بکھرے (دکن کا افق)

بہت کچھ سہہ رہے ہیں ہم
بہت کچھ سہہ لیا ہم نے
قلم لکھے تو کیا لکھے
(قلم لکھے تو کیا لکھے؟)

ہم برے ہی سہی پر آپ بھلے ہوں جیسے
آئینہ آئینہ چھنتے ہی چلے ہوں جیسے
اب احتجاج و عرض گزاری فضول ہے
بھوکے رہو، دعائیں دو، چائے پیا کرو

ان کی غزلوں سے منتخب چند اشعار پیش ہیں:

شامِ مے کدہ جیسے تیرے دستِ نازک میں
تشنگی نے دیکھے ہیں جامِ زرفشاں خالی
ہاتھ پھیلاتے ہوئے صبح کے دروازے پر
آج ہم صورتِ دریوزہ گراں ہے کچھ لوگ
وہی یخ بستہ پر اسرار خموشی، وہی غم اپنے
بارے میں سبھی سوچ رہے ہوں جیسے
پھر وہی رات دبے پاؤں چلی آئی ہے کل

کسی نے یہ کہا تھا کہ سویرا دیکھا
سلگ چلی کسی لہجے کی بوند بوند کرن شبھوں
میں چاند ستارے اجالتے کیوں ہو
برگشتہ موسموں کا کہیں تذکرہ نہ ہو یہ حکم ہے
کہ تازہ ہوا کو خطا لکھیں

حیدرآباد میں کچھ برس پہلے جو نام نہاد اَدیب ''Ghost Writing'' یعنی ''پس پردہ قلم کاری'' کے سہارے منزہ شہود پر آئے، اُن کے لیے وقارؔ صاحب نے بھی مصنفیت کی۔ اِن میں چند نام مجھے بھی معلوم ہیں جو ان شاءاللہ ہمیشہ پوشیدہ رکھوں گا کہ وقارؔ صاحب کی یہی خواہش تھی۔

شاعرانہ تعلیٰ، لب ولہجہ کی تلخی، چکنے اور ملائم الفاظ کا استعمال، صوتیاتی آہنگ کے تجربات یہ سب کہیں نہ کہیں ان کی شاعری میں جلوہ گر ملیں گے۔ معاشی اور سماجی تجربات کی تلخیوں نے جب اُن کے دل کو زخمی کیا تو کہہ اُٹھے:

دروغِ مصلحت آمیز کی یہ بستی ہے
یہاں زبان ہی کھولو نہ لب کشادہ کرو
اُردو تحفظات کے خانوں میں بٹ گئی
دانشورانِ اُردو زبان سب مزے میں ہیں

اُن کی اِس تلخ نوائی کا بنیادی سبب اُن کی اُردو اور اَہل دکن سے بے اِنتہا محبت تھی۔ وقارؔ صاحب نے کئی اَدیبوں اور شاعروں کی وفیات بھی لکھیں اور یاد پر قطعات بھی کہے۔ وہ محل اور موقع پر اظہار سے نہ کتراتے، آج وہ نہ رہے اُن کی وفات پر تحریریں آرہی ہیں۔ اُمید کہ لوگ حق وفا ادا کریں گے۔

وقار صاحب کو اپنے بیٹوں، بیٹیوں اور نواسیوں پوتوں سے بے حد پیار تھا وہ ایک مکمل سماجی انسان تھے۔ سماج کے نشو ونما اور ارتقا کے لیے دعا گو بھی تھے، متفکر بھی جب سے

ہندتوا کا سانپ ہندستان کے خزانے پر کنڈلی مار کر آ بیٹھا ہے، وہ انسان کی فطرت میں شر پسندی کی بو محسوس کرنے لگے تھے۔

''اور پھر یوں ہوا
رقص ابلیس کرتا رہا
دھرم کے نام پر وہ ہوا شہر میں
آگ اور خون کا کھیل کھیلا گیا
سلسلہ روز وشب سے گزرنے لگا'' (شہر جلتا رہا)

......

تم اپنے جلتے کیواڑ دیکھو
تمام منظر بدل چکے ہیں
سلامتی خوف بن گئی ہے
وہ ایک شمع وفا
جو محراب آرزو میں کھلی تھی روشن
وہ بجھ چکی ہے''

(کالی نظم)

وقار خلیل حیدرآبادی تہذیب کے ان حاملین میں سے تھے جن کی زندگی، گفتار اور سوچ سب میں اسی تہذیب کی توانائی ملتی تھی۔ حالات کے حقائق، تہذیب کا انتشار، اردو کا حالِ زبوں، بنیادی انسانی قدروں کی پامالی اور آزادی کے بعد مفروضہ نتائج کے نہ حاصل ہونے پر احساسِ حسرت اور ایسے ہی تلخ تجربات سے گزر کر ان کے کلام میں غیر محسوس طور پر تلخی اتر آئی ہے کبھی کبھی تو یہ تلخی اظہار، نا آسودگی اور مکر وفریب سے حد درجہ تنفر میں مدغم ہو کر جارح تنقید کی شکل اختیار کر لیتی تھی۔ بے شک و شبہ وقار خلیل نے حیدرآبادی تہذیب، معیاری شعر و ادب اور اپنی اردو دوستی کے ان مٹ نقوش حیدرآباد کی اردو دنیا میں ثبت کر دیئے ہیں اور ہم ان کو یوں ہی یاد کرتے رہیں گے۔

آرکیٹکٹ عبدالرحمٰن سلیم

جس سے جگر لالہ میں ہو ٹھنڈک

میں نے اس خاکہ کا عنوان 'جس سے جگر لالہ میں ہو ٹھنڈک' اس وجہ سے رکھا ہے کہ واصف صاحب کی شخصیت اقبال کے اس مصرعہ کی مصداق ہے کہ جو بھی ان سے ملتا ہے وہ ان کی شخصیت کے اثر میں ان کا گرویدہ ہو جاتا ہے اور آیندہ ملاقات کا مشتاق ہوتا ہے۔ کم گوئی آپ کی شخصیت کا خاصہ ہے مگر لوگوں کا جائزہ باریک بینی سے لیتے ہیں اور سامنے والے کی اچھائیوں کو کرنا اور برائیوں سے صرف نظر واصف صاحب کی دریا دلی کا خاصہ ہے۔ مجھے اس بات کا شرف حاصل ہے کہ ان کے ساتھ اپنے ریاض شہر میں قیام کے دوران بہت سارا وقت گزارا ہے۔

واصف صاحب کے بارے میں وثوق کے ساتھ کہہ سکتا ہوں کہ انسانیت ان کا مذہب، شائستگی ان کا رکھ رکھاؤ، شگفتگی ان کی شناخت، شوخی اور فکر ان کی فطرت، دردمندی اور ظرافت ان کا کردار، دل گزاری اور خوش طبعی ان کی شخصیت اور زبان و قلم نے ان تمام کے اجتماع کو شعار بنالیا۔ ان کا قلم ہمیشہ زندگی کے بنیادی حقائق کو بے نقاب کرتا ہوا نظر آتا ہے۔ اعتدال، توازن، غیر جانبداری، منصف مزاجی اور خلوص واصف صاحب کی شخصیت اور تحریر دونوں کی پہچان ہے۔ میں اس موقعہ پر میر ہاشم کا یہ شعر ترمیم کے ساتھ پیش کروں گا۔

زباں سے جھوٹ کا اک لفظ تک نہیں نکلا
مگر جو سچ ہے اسے کہنے سے کبھی نہ ڈرے

میرے شہر ریاض کے قیام کے دوران نوے کی دہائی سے لیکر جنوری ۲۰۱۹ء تک ہندوستانی بزم اردو اور بزم اردو ٹوسٹ ماسٹرس کلب کے قیام اور اس کی ترقی کے مراحل میں ان کا ساتھ اس بات کی دلیل ہے کہ اردو زبان کی ترقی، ترویج اور اشاعت کی مہم میں جن احباب نے مل کر کام کیا ان میں ہراول دستہ میں واصف صاحب کا نام بھی شامل ہے۔

خواجہ نجیب الدین واصف سے میری ملاقات نوے کی دہائی کے شروع میں نواب سکندر علی خان کے آفس میں ہوئی۔ کالج آف فائن آرٹس اینڈ آرکیٹکچر حیدرآباد میں ہم نے آرکیٹکچر اور واصف صاحب نے فوٹوگرافی کی تکمیل کی لیکن ملاقات شہر ریاض میں ہونا تھی، فوٹوگرافی سے قبل انہوں نے بی۔ کام کی تکمیل کی تھی سعودی عرب میں انکی شروعات ملازمت البناء نامی میگزین سے ہوئی جس میں وہ عمارتوں کی عکاسی اور طباعت کے لئے پیش کشی سے متعلق تھی۔ ہمارے پیشہ سے عمارتوں کا تعلق ازل سے رہا ہے۔ معمار اور تخلیقی عمل کا چولی دامن کا ساتھ ہوتا ہے پھر فوٹوگرافی اسی تخلیقی کردہ عمارتوں کی عکاسی کے ذریعہ محفوظ رکھنے کا ذریعہ ہوتی ہیں اس طرح واصف صاحب سے ملاقاتیں شروع جو مختلف موضوعات پر رہتی تھیں۔

ان سے ملاقاتوں کا نتیجہ یہ نکلا کہ ہر ماہ کا تازہ البناء میگزین کا شمارہ واصف صاحب کے ذریعہ ہم تک پہنچتا رہا جو آج تک ہماری ذاتی لائبریری کا حصہ ہے جو ہمارے بیٹے آرکیٹکٹ عمران سلیم کے کنسلٹنسی آفس کا حصہ ہے چونکہ ہمارے بیٹے بھی ہمارے ہی ہم پیشہ ہیں تو دو نسل اس سے مستفید ہو رہے ہیں۔

۱۹۹۳ء میں شہر ریاض میں جب ہم خیال غیر مقیم ہندوستانیوں نے اردو زبان کی ترقی، ترویج و اشاعت کے ساتھ ہندوستانی بزم اردو نامی تنظیم کی شروعات کی گئی تو واصف صاحب عاملہ کے رکن کی حیثیت سے اس کے بانی ارکان میں شامل تھے۔ دوسرے ارکان میں نواب سکندر علی خان، صدر۔ آرکیٹکٹ

عبدالرحمٰن سلیم، جنرل سکریٹری۔ ڈاکٹر عابد معز خازن۔ کے ین واصف،محترمہ عذرا نقوی، غوث ارسلان اور محمد عبدالرحیم اکرم تاسیسی اراکین عاملہ شامل تھے۔۸۹۹۱ء میں جب محبّ اردو ایوارڈ قائم کیا گیا تو اس سلسلہ میں جو ایوارڈ کمیٹی بنائی گئی اسکے صدر ڈاکٹر سعید نواز،اور ارکان میں ڈاکٹر افسر خان، کے ین واصف اور نواب سکندر علی خان شامل تھے اور اس طرح پہلا محب اردو ایوارڈ سعودی ریسرچ اینڈ پبلشنگ کمپنی ناز ر اردو نیوز جدہ کو دیا گیا۔

خلیج میں بسنے والوں کی زندگی کی کہانیاں ساری دنیا میں واصف صاحب کے   روزنامہ سیاست میں اتوار کے دن کے ہفتہ وار کالم کے ذریعہ روشناس ہوتی رہیں اور اسی بہانے ریاض کے بالخصوص اور خلیج کے بالعموم رہنے والے غیر مقیم ہندستانیوں کی محفلوں کی رونقیں اردو دنیا کی زینت بنتی رہیں. بلا مبالغہ ہم سے روزنامہ سیاست کے کئی قارئین نے ان کالموں کو پڑھنے کے بعد ہماری اردو محفلوں کی سراہنا کی اور بقول انکے ان محفلوں کا ذکر اتوا ر کے کالم میں واصف صاحب کی تحریروں کے ذریعہ ہوا۔ ان قارئین نے کہا کہ ان کو اتوار کے کالم کا انتظار ہفتہ کے تمام دنوں میں شدت سے رہتا ہے۔

یہاں اس بات کا تذکرہ ضروری ہے کہ خلیج میں بسنے والے اکثر کسی نہ کسی وجہ سے بیچلر کی زندگی گزارتے ہیں اکثر نوکریوں اور انکے کنٹراکٹ کی وجہ سے جبری طور پر اکیلے رہنے پر مجبور ہیں اور کچھ اپنے بچوں کی بہتر تعلیم اچھے بہتر اسکولوں کی کمی کی وجہ سے اپنی فیملی کو اپنے آبائی مقام پر رکھنے کو ترجیح دیتے ہیں۔ واصف صاحب بھی ان جبری اکیلے Forced Bachelor رہنے والوں میں سے ایک ہیں جو اپنے بچوں کی تعلیم کی وجہ سے خلیج میں ہمیشہ ہی اکیلے رہتے آئے ہیں سال دو سال میں دو تین ماہ کی چھٹی آبائی مقام گزار کر واپس ہوتے ہیں، کبھی کبھی ہم بھی بیچلر ہو جاتے کیونکہ ہمارے بچے تعلیم کی وجہ سے مؤقت نقل مکانی کر کے ہندوستان جانے کے بعد ہماری زندگی کی ساتھی بھی اپنا وقت ہم میں اور ہمارے بچوں میں بانٹنے پر مجبور تھیں، جب بھی ہم اکیلے رہتے روزانہ رات کا ڈنر دوست احباب کے ساتھ ہوتا۔ ان میں واصف صاحب، نواب سکندر علی خان، ڈاکٹر عابد معز اکثر ملتے اور بسا اوقات میر احمد علی، غوث ارسلان، محمد غوث۔ محمد مبین اور میر فراست علی خسرو، ان میں شامل ہو جاتے اس طرح ڈنر کے بعد محفل جمتی اور خوب موضوعات پر بات چیت رہتی، بات سے بات نکلتی اور کمیونٹی کی بہتری کے اقدامات پر غور ہوتا اور پھر عمل کا دور بھی وہیں سے شروع ہو جاتا۔ ان خیالات کو صفحۂ قرطاس کی زینت بنانے کی ذمہ داری واصف صاحب کی ہوتی تھی جو اس ہنر میں ماہر تھے۔ ایک اچھے عکاس (فوٹو گرافر) ہونے کے ساتھ ساتھ ایک اچھے صحافی (جرنلسٹ)، ایک اچھے کالم نگار، ایک اچھے ادیب اور ایک اچھے مزاح نگار ہونے کا ثبوت اپنی تصویروں اور تحریروں کے ذریعہ فراہم کیا۔

کبھی سالانہ چھٹی پر جاتے اپنے لئے عمارتوں کی عکاسی کا ایک پراجیکٹ ساتھ لے جاتے اور چھٹی کے دوران ہندوستان میں ان پراجیکٹوں کی تکمیل کرتے۔ ہم چونکہ اپنے پیشہ کی وجہ سے ایک معمار (آرکیٹکٹ) اور تاریخی عمارات کے تحفظ کا فطری جذبہ رکھتے ہیں ہم نے بھی ان کے عکاسی کے پراجیکٹس کو پروان چڑھانے میں ان کا ساتھ دینا ضروری سمجھا۔ ہماری پہلی ملازمت حیدرآباد اربن ڈیولپمنٹ اتھاریٹی HUDA میں ڈاکٹر وی۔ کے۔ باوا کے ساتھ گزری جس کے نتیجہ میں ۶۷۰۱ء مین چونکہ دنیا بھر میں تاریخی عمارتوں کے تحفظ کا سال منایا گیا تو اتھاریٹی نے بھی حیدرآباد کے تاریخی عمارتوں کے تحفظ کے لئے حیدرآباد آرٹ کمیشن کے قیام کا کام شروع کیا اور ہم کو یہ ذمہ داری دی گئی کہ اس سلسلہ کا ابتدائی کام شروع کریں تو ہم نے تاریخی عمارتوں کی ایک فہرست مکمل کی جن کا تحفظ کیا جانا ضروری تھا۔ اس طرح

ہمارے پاس حیدرآباد کی تاریخی عمارتوں کے بارے میں معلومات کا خزانہ جمع ہوگیا تھا۔ جب واصف صاحب نے اپنے سالانہ عکاسی کے پراجیکٹوں کے بارے میں ذکر کیا تو ہم نے جوفہرست بنائی تھی ان عمارتوں کی نشاندہی کی اور بتایا کہ ان عمارتوں کی کون کون سے حصہ ہیں جنہیں کیمرے میں قید کیا جانا چاہیے۔

واصف صاحب کی عمارتوں کی عکاسی اس خوبصورت زاغیوں سے ہوتی ہے کہ ایسا لگتا ہے کہ عمارتیں بول رہی ہیں۔ چند تصاویر شکاگو میں میرے بچوں کے گھر کی دیواروں کی زینت ہیں اور ہرمہمان کی دلچسپی کا سامان فراہم کرتی ہیں اور خود ان کو اپنے ماضی سے جوڑے رکھنے کا ذریعہ ہیں۔ حیدرآباد دکن کا ماضی ان شاندار تاریخی عمارتوں کے ذریعہ گزرے عہد کا اسرار ہم پر کھولتا ہے اور بتاتا ہے کہ کس طرح حکمراں عوام کی فلاح و بہبود کا خیال رکھا کرتے تھے۔

واصف صاحب نے حیدرآباد کی عمارتوں کے بعد ہندوستان کے مختلف چہروں کا دورہ کیا اور اپنی یادگار اور بہترین تصاویر کے ذریعہ اپنی عکاسی کے ان مٹ نقوش فرہم کئے۔ چار مینار، مسجد چار مینار، گولکنڈہ قلعہ، قطب شاہی گنبدیں، علی گڈھ مسلم یونیورسٹی، تاج محل، فتح پور سکری ان کی بہترین عکاسی کو ظاہر کرتی ہیں۔

واصف صاحب شہر ریاض کی حیدرآبادی اور پاکستانی کمیونٹی میں یکساں طور پر مقبول ہیں اور جب روزنامہ اردو نیوز جدہ سعودی عرب سے شائع ہوا تو شہر ریاض سے ہندوستانی کمیونٹی کو بہتر انداز سے نمائندگی کرنے کے لئے ایک رپورٹر کی شدت سے ضرورت محسوس کی گئی ہندوستانی بزم اردو نے اس سلسلہ میں جناب مختار الفال، مدیر اردو نیوز سے بات کی اور ان کو ریاض میں مدعو کیا کمیونٹی کی سرکردہ شخصیات کے ساتھ ایک استقبالیہ تقریب میں واصف صاحب کو متعارف کروایا گیا جس کو جناب مختار الفال نے مثبت انداز میں قبول کیا اور واصف صاحب اردو نیوز میں ریاض کی کمیونٹی کی خبریں اور کالم لکھنے لگے۔ اس سے قبل ۱۹۸۰ء سے روزنامہ سیاست سے فوٹو جرنلسٹ کے طور پر منسلک تھے اور اس سے قبل دس سال تک انڈین اکسپریس میں اسٹاف فوٹو گرافر رہے اس کے علاوہ دکن کرانیکل، السٹریٹیڈ ویکلی آف انڈیا اور انڈیا ٹوڈے سے بھی فوٹو جرنلسٹ کے طور پر کام کرتے رہے۔

واصف صاحب کے ہندوستانی تاریخی عمارتوں کی تصاویر کی ایک نمائش ہندوستانی سفارت خانے کی جانب سے سفیر ہند تلمیذ احمد کے دور میں کی جس کو ریاض پھر جدہ میں نمائش کے دوران مقبولیت اور تعریف سے نوازا گیا۔ سفارت خانہ ہند اس لحاظ سے قابل تعریف ہے کہ اس نے غیر مقیم ہندوستانیوں میں جو بھی فنکارانہ صلاحیتیں موجود ہیں ان کا اعتراف اور اسکی ہمت افزائی کرتا ہے۔ چنانچہ اس سلسلہ میں موجودہ سفیر ہند برائے سعودی عرب عزت مآب ڈاکٹر اوصاف سعید صاحب کچھ سال قبل جب شکاگو میں قونصل جنرل ہند برائے امریکہ تھے میری نجی ملاقات کے دوران اس بات کا ذکر کیا کہ وہ واصف صاحب کی ہندوستانی تاریخی عمارتوں کی تصاویر کی نمائش شکاگو میں بھی منعقد کرنے کا ارادہ رکھتے ہیں اور میں نے اس نمائش کی تفاصیل بھی واصف صاحب سے لیکر ان تک پہنچائیں تھیں مگر کسی وجہ سے یہ کام نہ ہو سکا۔ مجھے قوی امید ہے کہ حیدرآباد کی بہت ساری تنظیمیں شکاگو میں سماجی اور ملی کاموں میں مشغول ہیں وہ اس تصویری نمائش کا اہتمام کرینگیں۔

واصف صاحب نے اپنی ادبی قلم کاری کے نقوش اپنی کتاب 'ذکر یاراں' کے ذریعہ اردو ادب تک پہنچادی ہیں۔ وہ اپنے قیام سعودی عرب کے دوران وقتاً فوقتاً اپنے احباب پر خاکہ لکھتے رہتے تھے اور ان خاکوں کو کتاب کی شکل میں پیش کر کے اپنے مزاحیہ خاکوں کو نہ صرف انمٹ کردیا بلکہ مزاحیہ ادب میں نمایاں

اضافہ کر دیا۔اس کتاب میں ایک خاکہ ہماری سعودی عرب سے واپسی کے سلسلہ میں ریاض شہر کی ہندوستانی تنظیموں کی جانب سے منعقدہ وداعی یادگار تقریب میں پڑھا گیا۔ جسکا عنوان 'تم ہی جب نہ ہونگے تو کیا رنگ محفل' اس کتاب میں شامل ہے۔ان کی اس کتاب میں مرحوم مجتبی حسین اور سفیر ہند برائے سعودی عرب عزت مآب ڈاکٹر اوصاف سعید صاحب کے پیامات اور عذرا نقوی کا تعارف شامل ہے۔اس کتاب کے خاکوں میں انہوں نے سمندر کو کوزہ میں بند کرنے کی کوشش کی ہے،اس کتاب کے دو حصہ ہیں اور ذکر یاراں والے حصہ میں مشہور شاعر شہر یار۔مجتبی حسین، پروفیسر گوپی چند نارنگ، آرکیٹکٹ عبدالرحمن سلیم، ڈاکٹر حفظ الرحمن اعظمی، عذرا نقوی، مصطفے علی بیگ، عبدالعزیز شمیم خان، ڈاکٹر یوسف اعظمی، سید مسعود، میر احمد علی، ولی تنویر، فراز فاطمی فرزندا ے کے فاطمی، آنند کمار، افضل جلال الدین صناعی، انجینیر محمد عبدالحمید، ڈاکٹر حنیف ترین، افضل امام، محمود خاور، مرزا یوسف بیگ، سلیمان اطہر جاوید، خالد اقبال، جاوید حسن پر مختلف عنوانات پر خاکے موجود ہیں جو ماہنامہ شگوفہ اور روزنامہ سیاست کی زینت ہو چکے ہیں۔اسکے علاوہ ذکر رفتگان کے دوسرے حصہ میں اس دنیا کو خیر باد کہہ کر جانے والوں کے خاکے موجود ہیں جن میں افضل صناعی، بشر نواز، اقبال متین، حسن غفور، زبیر رضوی، طالب خوندمیری، طاہر حسین انصاری، یم۔یف۔حسین اور ارجن سنگھ پر خاکے ان کی خاکہ نگاری پر دسترس کی غماز ہیں۔

کے ین واصف صاحب ولد خواجہ عزیز الدین عمر کے ساٹھ دہے مکمل کر چکے ہیں اور دو فرمانبردار لڑکوں حسن واصف اور سلمان واصف کے والد ہیں ا نکے بڑے بھائی کے۔ ایم۔عاکف صاحب شکاگو میں مقیم اور ہمارے بہت اچھے دوست ہیں۔انکے ایک چاچا کے۔این۔عفیف صاحب بھی شکاگو کی معروف شخصیت ہیں ہم اور وہ یونائیٹیڈ سینیرس کلب آف شکاگو نامی کلب کے رکن ہیں جن سے ملنے سے پتہ چلتا ہے کہ واصف صاحب نجیب الطرفین خاندان کے سپوت ہیں۔

میری یہ تحریر نامکمل رہیگی اگر میں جشن شگفتہ دکن جو ۳۰۰۲ء میں شہر ریاض میں ہندوستانی بزم اردو ریاض کی جانب سے یل جی کمپنی کے مالی تعاون سے پیش کیا گیا تھا جس میں واصف اور ہمارے دوست انجینیر سید ضیاء الدین کا خصوصی تعاون شامل تھا اس کامیاب جشن کی تیاری اور مختلف مراحل میں کے ین واصف صاحب کا بھر پور تعاون شامل تھا اور یہ سہ روزہ جشن اردو کے حوالہ سے ریاض کی کامیاب ترین محفلوں میں شمار کی جاتی ہیں اس جشن میں ہندوستان سے نریندر لوتھر،مجتبی حسین، حمایت اللہ، مصطفے علی بیگ اور طالب خوندمیری کے علاوہ شگوفہ کے مدیر اعلی ڈاکٹر مصطفی کمال نے اپنی شرکت کے ذریعہ ان محفلوں کو یادگار بنادیا تھا اس جشن کی عکاسی کی ذمہ داری واصف صاحب کے سپرد تھی جسکو انہوں نے خوبی سے نبھایا۔

بزم اردو ٹوسٹ ماسٹرس کلب ریاض کے تاسیسی ارکان میں ان کا شمار ہوتا ہے۔اس کلب کے ۱۵۲۱ اجلاس مکمل ہو چکے ہیں اور اس کے قیام سے آج تک کی تاریخ دیکھی جائے تو پتہ چلتا ہے کہ اس کے اجلاسوں میں پابندی سے شرکت کرنے والوں میں ان کا شمار ہوتا ہے۔اور اس کلب کی کامیابی کا حصہ واصف صاحب کے سر بھی جاتا ہے۔

بزم اردو ٹوسٹ ماسٹرس کلب ریاض کو آج کی اس خصوصی محفل کو سجانے کے لئے دلی مبارکباد دیتا ہوں اور واصف صاحب کے مستقبل کے لئے دلی نیک تمنائیں کہ وہ مستقبل میں ذکر یاراں جیسی کئی اور کتابیں تخلیق دے سکیں۔

یار زندہ صحبت باقی

☆☆

منتخب عصری افسانوں کا ایک مجموعہ

رنگ برنگ افسانے

مرتبہ : ایس اے شکور

بین الاقوامی ایڈیشن منظر عام پر آ چکا ہے